新潮文庫

「線」の思考

鉄道と宗教と天皇と

原　武史著

新潮社版

11754

はじめに

特定の地点を対象とし、その空間の性格を考察するのは、「『点』の思考」である。東京都内を例にとれば、千代田区九段北3－1－1（靖国神社）、渋谷区代々木神園《かみぞの》町2－1（代々木練兵場→ワシントンハイツ→代々木選手村→代々木公園）、立川市緑町3173（陸軍立川飛行場→米空軍立川基地→国営昭和記念公園）など、戦前から戦後にかけて、空間の性格が大きく変わった「点」はいくつもある。拙著で言えば、明治から平成までの千代田区皇居外苑《がいえん》1－1（宮城前広場→皇居前広場）の変遷《へんせん》を追った『完本皇居前広場』（文春学藝ライブラリー、二〇一四年）がこうした研究に属する。

一方、「点」よりも広い区域や領域を対象とし、その空間の性格を考察するのは、「『面』の思考」である。「面」は市町村や都道府県のような行政区画を指すこともあれば、日本や中国といった国家そのものの領土を指すこともある。徳川政治体制が解体され、近代国家が成立した明治以降、北は千島から南は沖縄までの列島全体で、さらには台湾や朝鮮などの植民地を含めた帝国全体で、「国民」「日本人」という意識がどういう過程を経て浸透していったのかを探るような考察は、こうした研究に属する。「『点』の思考」は、限定された空間を考察の対象にしているため、史料によって事実を確定しやすい。これに対して「『面』の思考」は、政治学者のベネディクト・アンダーソンがネーションを「想像された政治共同体」と呼んだように、多分に想像力を伴うものであり、抽象的になりやすい。

双方の思考は、全く相いれないように見える。

しかし「点」と「面」の中間には、「線」がある。「点」と「点」を結ぶことで「線」が成立する。「線」は「点」と同様、空間が限定されながら、一つの地点を越える広がりをもつという意味では、「面」とも共通する。

ある地点と別の地点を結ぶ交通路は、「線」と言える。江戸時代までならば、街道や海、湖、川の航路が当てはまるだろう。例えば五街道の一つだった東海道の起点は江戸の日本橋、終点は京都の三条大橋と決まっていた。明治になるまで国境線が画定せず、領土の範囲が必ずしも明確でなかった日本という国家とは、この点が異なる。

明治以降には、鉄道が新たな「線」として加わった。鉄道が発達するにつれ、街道の往来は減り、航路は廃《すた》れていった。一八九五（明治二十八）年には新橋―神戸間の鉄道が正式に「東海道線」と命名されるなど、鉄道イコール「線」と表象されることが多くなる。本書で言う「線」とは、主に軌道を含む鉄道を意味している。

鉄道の線路は、江戸時代までの街道や航路におおむね沿って敷かれることもあれば、全く何もなかったところに敷かれることもある。つまり古代から近世までの人々の足跡に重なっていることもあれば、近代以降に新たな人々の流れを作り出すこともある。後者のなかには甲武《こうぶ》鉄道（現・ＪＲ中央線）の柏木（現・東中野）―立川間のように、甲州街道とは離れたところに一直線に線路を敷くことで、地形に左右されず、墓地のような禁忌にも触れない「作為」の論理が貫徹し、沿線に革新的な思想や文化が生まれる場合がある。

ただ前者であっても、街道名とは異なる線名が付くことで、「線」の性格が全く変わってしまう場合もないわけではない。例えば東北本線の赤羽―大宮間は、中山道と大体重なっている。江戸時代には、浦和も大宮も中山道の宿場町であった。明治になり、東京と京都を結ぶ鉄道の敷設《ふせつ》が決まったときも、当初は東海道経由ではなく、中山道経由で敷設される予定だった。一八八三（明治十六）年には日本鉄道の上野―熊《くま》谷《がや》間が開通し、浦和駅が開業したが、この鉄道は中山道鉄道の一環として開通したわけである。

ところが山間部に鉄道を通す困難さから、一八八六（明治十九）年になって東海道経由にルートが変更される。日本鉄道は途中の大宮から分岐して青森に至る鉄道の建設を進め、一八九一（明治二十四）年に完成させた。一九〇六（明治三十九）年の鉄道国有法施行に伴い日本鉄道は国有化され、上野―青森間は「東北本線」と命名されるに至った。つまり浦和や大宮は京都につながる中山道ではなく、東北の一部に組み込まれたのである。

それとともに、上野という「点」の性格もまた大きく変わった。江戸時代には徳川家の菩《ぼ》提寺《だいじ》である寛永寺が置かれ、明治初期には公園や博物館や美術館が設けられ、内国勧業博覧会が開かれるなど文明開化の発信地となった上野は、明治後期以降、「ふるさとの　訛《なまり》なつかし　停車場の　人ごみの中に　そを聴きにゆく」（石川啄木）という短歌に象徴される東北の玄関口となったからだ。「線」が及ぼす影響力の大きさは、以上の事例を見ても明らかだろう。

街道や航路、鉄道といった「線」による人の移動や物流に注目する研究と言えば、経済史の研究がある。例えば中西聡《さとる》『旅文化と物流　近代日本の輸送体系と空間認識』（日本経済評論社、二〇一六年）は、そのすぐれた成果にほかならない。

だが本書で試みたのは、近世の「線」が近代になってどう変容したかを、多くの史料を使って明らかにすることではない。そうではなく、全国各地に通じる鉄道に実際に乗ったり、線路跡を訪ねたりしながら、ただ史料を読むだけではわからない、地域に埋もれた歴史の地下水脈を探ろうとしたのである。

ここで言う地域とは、市町村や都道府県のような「面」ではなく、明治以降に画定されたそれらの境界を越える「線」を指している。「線」の起点から終点までの空間という軸に、古代から現代までの時間というもう一つの軸を重ね合わせることで、多様な日本の姿を描き出そうとする試みを、本書では「『線』の思考」と名付けている。

考察の対象とした「線」はさまざまだ。ＪＲ山陽本線や北陸本線、常磐線のような、路線距離が一五〇キロを超える主要幹線。小田急江ノ島線やＪＲ横須賀線、外房線、内房線、阪和線、筑肥《ちくひ》線のような大都市近郊の路線。松浦鉄道やＪＲ大村線のような第三セクターやローカル線。東京湾フェリーのような航路。そしてすでに廃止された旭川市街軌道——その範囲は、北海道から九州までの各地方に及んでいる。

これらの「線」を通して、幕末から昭和にかけて勃興《ぼっこう》した新宗教（民衆宗教）や明治以降に活動を再開したカトリックの足跡ばかりか、鎌倉時代の日蓮や江戸時代の隠れキリシタンの足跡までもが浮かび上がる。また鉄道に乗る近現代の天皇や皇后ばかりか、記紀に記された古代の天皇や皇后の足跡までもが浮かび上がる。時には数百年という時間を超え、幾条もの帯となって流れる水脈を探り当てることもできるのだ。

先行研究に当たるものはない。常に意識していたのは、民族学者の梅棹忠夫《うめさおただお》（一九二〇～二〇一〇）が一九五〇年代から六〇年代にかけて、やはり北海道から九州までの全国各地を訪ねながら書いた『日本探検』（講談社学術文庫、二〇一四年）の一節である。

> なんにもしらないことはよいことだ。自分の足であるき、自分の目でみて、その経験から、自由にかんがえを発展させることができるからだ。知識は、あるきながらえられる。あるきながら本をよみ、よみながらかんがえ、かんがえながらあるく。これは、いちばんよい勉強の方法だと、わたしはかんがえている。

東大系の学者であればまず書けないこの一節は、道案内に当たるものがなく、行く手がどうなるかわからない暗闇《くらやみ》を灯《とも》す一条の光となった。ただし本書の場合は、「あるきながら」というよりはむしろ「乗りながら」なのかもしれない。

どの列車に誰と一緒に乗り、どこで何を食べたかを逐一記したのは、できるだけ正確な記述を残しておきたかったからだ。沿線のさまざまな史跡や施設を訪れるためには、鉄道だけでなく、タクシーやレンタカーを使う必要があった。具体的な空間から思想史をとらえる方法は、二〇一九年十二月にKADOKAWAから刊行した『地形の思想史』（二三年五月に角川新書として刊行）を踏襲している。前著同様、読者の方々に臨場感を味わっていただければ幸いである。ただし話の展開の都合上、一部で行程の順序を入れ替えていることをお断りしておく。

目次

地図製作　アトリエ・プラン

「線」の思考

鉄道と宗教と天皇と

一　小田急江ノ島線とカトリック

毎年正月に行われる箱根駅伝では、旧東海道を走る選手の姿がテレビに映し出される。中でも「遊行寺《ゆぎょうじ》の坂」は、選手を苦しめる難所としてよく知られている。

遊行寺とは正中《しょうちゅう》二（一三二五）年に創建された古刹《こさつ》で、一遍（一二三九〜八九）を宗祖とする時宗《じしゅう》の総本山、藤澤山無量光院清浄光寺《とうたくさんむりょうこういんしょうじょうこうじ》のことだ。遊行寺のホームページには、「遊行寺の歴史は藤沢の歴史といっても過言ではないほど、両者は深い結びつきがあります。特に近世、門前が『藤沢宿《ふじさわしゅく》』として発展した頃はそれが顕著でした」とある。江戸時代の藤沢は、東海道の宿場町としてばかりか、鎌倉仏教の一派である時宗の門前町としても発展したことがわかる。

一八八七（明治二十）年に官設鉄道（現・東海道本線）の横浜―国府津《こうづ》間が開通して藤沢駅ができると、しだいに藤沢宿に代わって藤沢駅が町の中心になる。さらに一九二九（昭和四）年になると、もう一つの鉄道が開通する。小田原急行鉄道（現・小田急電鉄）小田原線の大野信号所（現・相模大野《さがみおおの》）と片瀬江ノ島の間を結ぶ江ノ島線である。

南北に走るこの線は、途中の藤沢で東海道本線に接続するが、東京とは直接つながらない。そのせいか、江ノ島線が開通してからも、しばらくは沿線に未開発の集落が残っていた。民俗学者で、小田急沿線をしばしば散歩していた柳田國男《やなぎたくにお》（一八七五～一九六二）は、戦中期に江ノ島線の高座《こうざ》渋谷《しぶや》駅から少し歩いたところにあった旧柳《やなぎ》明《みょう》村を、「柳明という村だけは、一度諸君にも見せたい。こういう古くて美しくて、人に知られていない村も珍しいからである」と述べている（「水曜手帖《てちょう》」、『柳田國男全集』3、ちくま文庫、一九八九年所収）。全国を歩き回った柳田をして「古くて美しくて、人に知られていない」と言わしめた村が残っていたわけだ。

江ノ島線と東海道本線の間には、沿線の経済格差が厳然と存在していた。一九三六（昭和十一）年から藤沢近郊の鎌倉郡村岡村（四一年に藤沢市に編入される）に住み始めたのが、婦人運動家の山川菊栄《きくえ》（一八九〇～一九八〇）である。彼女は一九四三年に刊行された『わが住む村』（岩波文庫、一九八三年）のなかで、「昔から宿場を中心として旧東海道に沿うた南部の村々と、それより少しでも北へはいった村々とでは、経済的に著しい差異があり、その差異は今日も残っており、小田急沿線と東海道沿線とでは生活程度がだいぶ違っています」と述べている。

だが江ノ島線の開業は、遊行寺のある藤沢を含めて、江ノ島線沿線地域の宗教地図が大きく変わるきっかけとなった。昭和初期から敗戦直後にかけて、沿線にカトリックの女学校や女子修道院や教会などが次々に建てられたからだ。「カトリック」と「女性」は、この線を語る上で外せないキーワードなのである。

小田急江ノ島線の下り普通電車が善行《ぜんぎょう》を出ると、高座丘陵と呼ばれる丘陵地が迫ってきて、江ノ島線で唯一《ゆいいつ》のトンネルに入る。そこを抜けると、左右の丘陵地にはさまれた谷のようなところをしばらく走る。

右手の丘はやや離れている。いまや柳田國男が沿線を散歩していた時代とは打って変わって、宅地化の波はこのあたりにも押し寄せており、丘の斜面はびっしりと戸建ての家々に埋めつくされている。

それでも丘の頂上に当たる一帯だけは、木々の緑に覆《おお》われ、あたかも森のようになっている。周辺が住宅に覆われているため、その森はいっそう鮮やかに映る。

一方、左手は右手よりも丘が線路に迫っていて、その上には校舎らしき建物が見える。「聖園女学院」という看板があることから、その一帯は私立の女子校（聖園女学院高等学校および聖園女学院中学校）だとわかる。「聖園」は「みその」と読む。ちなみに、

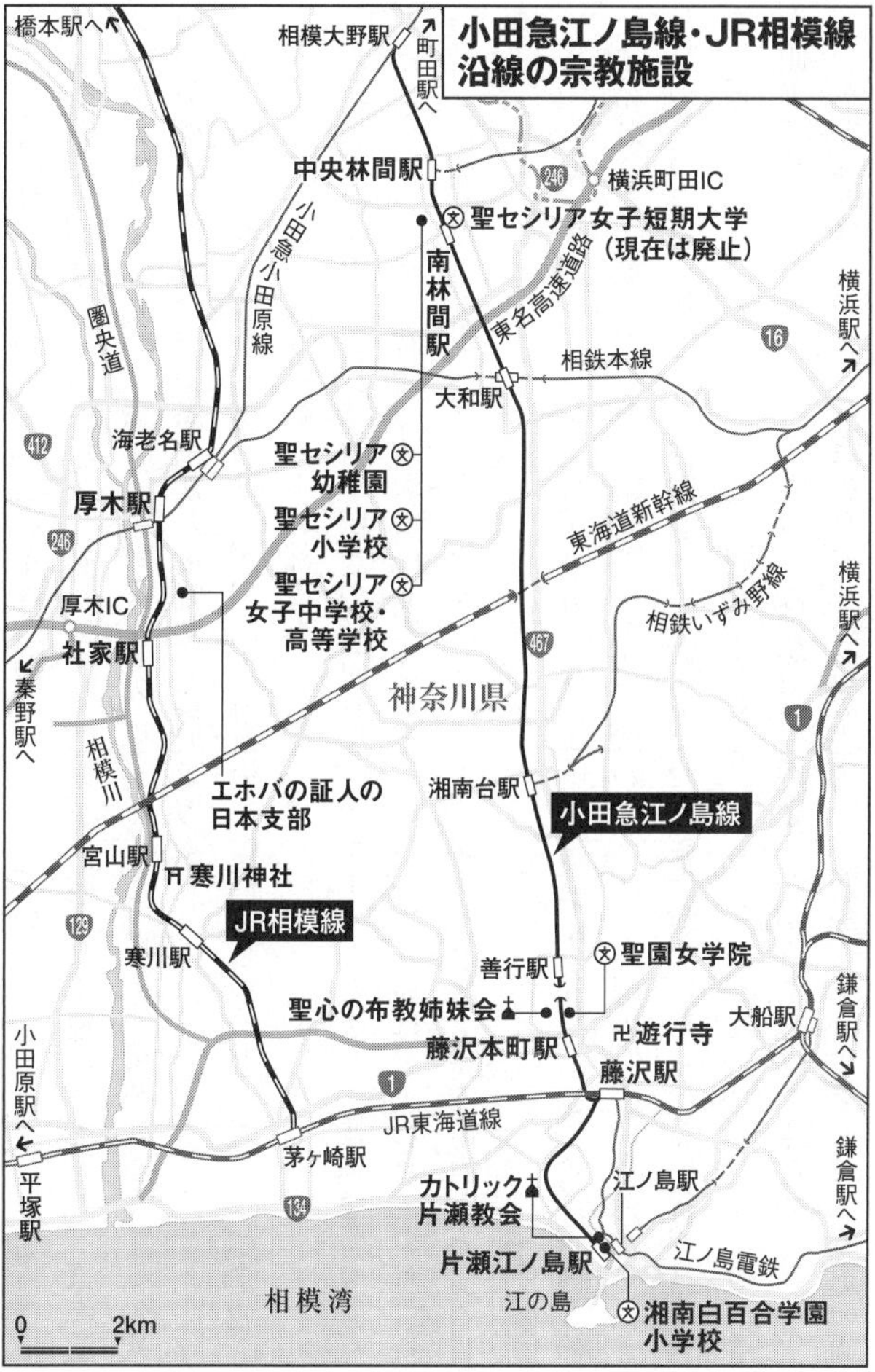
小田急江ノ島線・JR相模線
沿線の宗教施設
橋本駅へ
相模大野駅
町田駅へ
中央林間駅
246
横浜町田IC
聖セシリア女子短期大学
（現在は廃止）
小田急小田原線
圏央道
南林間駅
東名高速道路
横浜駅へ
16
相鉄本線
大和駅
412
海老名駅
聖セシリア
幼稚園
聖セシリア
小学校
聖セシリア
女子中学校・
高等学校
厚木駅
246
東海道新幹線
厚木IC
社家駅
相鉄いずみ野線
467
横浜駅へ
秦野駅へ
神奈川県
1
相模川
エホバの証人の
日本支部
湘南台駅
小田急江ノ島線
宮山駅
寒川神社
129
JR相模線
寒川駅
善行駅
聖園女学院
聖心の布教姉妹会
遊行寺
大船駅
鎌倉駅へ
藤沢本町駅
藤沢駅
小田原駅へ
1
JR東海道線
茅ヶ崎駅
平塚駅
カトリック
片瀬教会
江ノ島駅
鎌倉駅へ
134
片瀬江ノ島駅
江ノ島電鉄
相模湾
江の島
湘南白百合学園
小学校
0
2km

左手の丘陵地一帯の地名は「藤沢市みその台」となっている。

左右の丘陵が後景に退いたかと思うと、普通電車は間もなく速度を落とし、東海道の新道に当たる藤沢バイパス（国道1号）の下をくぐって藤沢本町《ほんまち》駅に着く。この次の駅が東海道本線や江ノ島電鉄と接続する藤沢である。

実は藤沢よりも藤沢本町のほうが、旧東海道沿いに位置している。駅名が示す通り、もともとこちらのほうが町の中心部にあった。

だが現在の藤沢本町には、小田急の特急ロマンスカーはもとより、快速急行も急行も停まらない。江戸時代の藤沢宿の面影は、全くと言ってよいほど失われている。狭い通りに面した駅前にバスターミナルはなく、タクシー乗り場もやや離れたところにある。

二〇一七（平成二十九）年十月十七日、藤沢本町駅で「小説新潮」編集長（当時）の江木裕計さんや編集部の後藤結美さんと待ち合わせ、江ノ島線の右手の車窓から見えた丘の上の森を目指して、線路沿いの道を歩いた。藤沢駅北口から出る路線バスもたまに通るゆったりした上り勾配《こうばい》の道を歩くこと十数分。ようやく住宅がなくなり、森が眼前に迫ってくる。それでも木々は稠密《ちゅうみつ》で、中をうかがうことはできない。

やがて木々は途切れ、立派な石造りの門が現れる。門からまっすぐに伸びる道の両側にはヒマラヤ杉が立ち並び、その向こうには寺の山門を思わせる建物も見える。近くには「修道院前」というバス停がある。

門のすぐ横にある石碑には、「聖心の布教姉妹会」という文字が横書きで刻まれている。「聖心」は「みこころ」と読む。江ノ島線の右手の車窓から見えた森は寺院ではなく、カトリックの女子修道院だったのである。

人の気配は全くない。門に貼《は》られた「猛犬に注意」という表示板が、立ち入りを許さない空気をよりいっそう強めている。実は事前に「小説新潮」編集部を通して面会を求めたのだが、あっさりと断られた。だからこれ以上、門のなかに入ることはできない。法隆寺の夢殿《ゆめどの》を模して建てられたという聖堂を確認することもできない。それを知りながら、せめて一番近くから敷地だけでも眺めようと考えたのだ。

江ノ島線の左手の車窓から見えた聖園女学院は、この聖心の布教姉妹会の前身に当たる「聖心愛子《あいし》会」（この「聖心」は「せいしん」と読む）によって設立された。つまり江ノ島線の善行―藤沢本町間は、もともとは同じカトリックの女子修道院と女子校にはさまれるようにして線路が敷かれているわけだ。私たちはいったん藤沢本町駅に戻り、タクシーで聖園女学院に向かったのだが、これについては改めて触れることにしたい。

聖心の布教姉妹会に関心をもったのは、二〇一四（平成二十六）年に公開された『昭和天皇実録』を読んだことがきっかけであった。とりわけ占領期に、聖心の布教姉妹会は「聖心愛子会」として何度も出てくる。

秋田市保戸野《ほどの》新町《しんまち》の財団法人聖心愛子会秋田支部を御訪問になる。会長聖園《みその》テレジアより同支部の事業概況を御聴取になり、ついで同会長の説明にて敷地内の保母養成施設・養老施設・育児施設・医療保護施設等を御巡覧になり、児童・高齢者等を激励される。（一九四七年八月十四日条）

午後、表拝謁《おもてはいえつ》の間において、聖心愛子会会長聖園テレジア・同会会員加藤ユステイチア本名タヘの拝謁を皇后と共に受けられる。（一九四八年四月五日条）

午後、拝謁の間において、聖心愛子会会長聖園テレジア・元侍従次長木下道雄ほかの拝謁を皇后と共に受けられる。（一九五〇年四月十二日条）

午前、拝謁の間において、聖心愛子会会長聖園テレジア・同会会員加藤タヘの拝謁を皇后と共に受けられる。（同年八月八日条）

「聖心の布教姉妹会」門前

これらはあくまでも一部にすぎない。要するに、聖心愛子会は会長の聖園テレジア（一八九〇～一九六五）の名前とともに、『実録』に頻出するのである。

聖園テレジアは、会の創立の地である秋田で、あるいは東京の宮中で、昭和天皇（一九〇一～八九）や香淳《こうじゅん》皇后（一九〇三～二〇〇〇）にしばしば会っている。皇室神道《しんとう》を信奉しているはずの天皇や皇后が、カトリックの女子修道会とこれほど深いつながりをもっていたことを、私は『実録』によって初めて知った。

聖園テレジアは一八九〇（明治二十三）年にドイツで生まれ、一九一三（大正二）年に聖霊奉侍布教修道女会（聖霊会）の修道女として来日し、二七（昭和二）年に日本に帰化している。六五（昭和四十）年に死去してから編纂《へんさん》された『聖園テレジア追悼録』（聖園テレジア遺徳顕彰会、一九六九年）所収の大橋イグナチア「ははさまの足跡五十年―年譜にかえて―」によれば、聖園テレジアは一九一九（大正八）年に聖霊会を退会し、「キノルド札幌教区長、ライネルス新潟教区長の指導のもとに一九二〇年五月三一日、秋田市に初の邦人修道会として聖心愛子会を創立されました」。つまり現在の聖心の布教姉妹会の創立者であり、「マザー・テレジア」と呼ばれる会長として、あるいは「母様」として四十年以上にわたり指導的立場にあったことがわかる。

ところが、聖園女学院中学校・高等学校が二〇一六（平成二十八）年に編集・発行した『みその70年小史』では、「学院のあゆみ」を次のように説明している。

> 聖園女学院の歴史の始まりは、１９２０年まで遡《さかのぼ》ります。その年、秋田にて聖園女学院の設立母体「聖心の布教姉妹会」（旧：聖心愛子会）が設立されました。設立者はカトリック神言修道会（以下、神言会）会員・初代新潟教区長ヨゼフ・ライネルス神父。後に南山中学校を設立し、校長を務めた人物でもあります。

聖園女学院中学校・高等学校のホームページにも、「聖心の布教姉妹会」がヨゼフ・ライネルス（一八七四〜一九四五）によって創立されたとした上で、「以来、会員はライネルス師の理念‥一人の存在は必ず一つの貴い使命をもっている。一人ひとりを大切に…をイエス・キリストの聖心の愛のうちに、宣教・教育・福祉のすべての分野において実行してきている」とある。どちらも、創立者をヨゼフ・ライネルスとしており、聖園テレジアの名前は出てこない。

聖心愛子会が聖心の布教姉妹会に改称したのは、聖園テレジアが死去して十年あまりがたった一九七六（昭和五十一）年。「第二バチカン公会議で『修道会の創立の精神を見直すように』との勧告もあって、昭和51年同会は、精神・目的をより明確に表わすことになり、修道会名を〝聖心の布教姉妹会〟と改められ、学院の法人名ともなりました」（平岡功「聖園女学院沿革にふれて」、『みその』第四一号、一九九五年所収）。カトリックの総本山であるバチカンの意向により、修道会の名称を変更したというのだ。

藤沢市総合市民図書館に所蔵されている聖園女学院の校内誌『みその』のバックナンバーを見てゆくと、第二三号（一九七六年度刊）には校長の石橋弘子が「創立者聖園テレジアは、（中略）秋田に聖心の布教姉妹会（当時の聖心愛子会）を創立し」と書いている。同誌の第二四号（一九七七年度刊）にも、なお巻頭に「キリストのことば『私は道であり、真理であり、命である』ヨハネ14・6」とともに「創立者聖園テレジア」

の生前の写真が大きく掲げられている。

しかし第二五号（一九七八年度刊）以降になると、聖園テレジアの名前や写真は完全に消え、「キリストのことば」だけが巻頭に掲げられるようになるのである。聖心の布教姉妹会への改称にやや遅れてではあるが、「修道会の創立の精神を見直すように」とのバチカンの勧告を受ける形で、創立者を聖園テレジアからヨゼフ・ライネルスへと変えたのではなかろうか。あたかも聖母マリアのごとく「母様」と呼ばれ、銅像まで建てられた聖園テレジアに対する、バチカンの反発があったのかもしれない。

たとえそうだとしても、聖心愛子会の足跡に聖園テレジアが果たした役割の大きさを否定することはできない。一九三八（昭和十三）年四月に本部を秋田から東京に近い藤沢に移すことができたのも、三〇年十一月十一日に新宿御苑で開かれた天皇主催の観菊会に招待されて以来、皇室との間に太いパイプを築いてきた聖園テレジアがいたからであった。

藤沢の土地を求める際には、海軍軍人でカトリック信者でもあり、東宮御学問所御用掛や宮内省御用掛をつとめた山本信次郎（一八七七〜一九四二）が尽力している。落成式に当たり、聖園テレジアは山本に「先年来種々御高配相賜《あいたま》はり候《そうろう》　神奈川県藤沢町に於《お》ける聖心愛子会本部並に其《そ》の事業所は御蔭《おかげ》を以《も》って竣工《しゅんこう》し候」と綴《つづ》られた招待状を送っている（山本正「聖なる夢を追うて」、前掲『聖園テレジア追悼録』所収）。信次郎もまた小田急江ノ島線の沿線に関わりがあることについては、改めて触れることにしたい。

聖心愛子会の本部は、三二（昭和七）年に開設された藤沢ゴルフ場（藤沢カントリー倶楽部《クラブ》）に隣接していた。ゴルフ場の開設当日には、久邇宮朝融王《くにのみやあさあきらおう》（一九〇一～五九）や朝香宮鳩彦王妃《あさかのみややすひこおうひ》允子《のぶこ》（一八九一～一九三三）が来場している。このとき完成したクラブハウスは「グリーンハウス」と呼ばれ、現存している。しかし戦時色が強まった四三年にはゴルフ場が閉鎖され、藤沢海軍航空隊の飛行場になった。

翌四四年になると、聖心愛子会本部は藤沢海軍航空隊から飛行場拡張計画のため、立ち退《の》きを迫られた。四五年にはその要求がいっそう強まったため、聖園テレジアは親交のあった宮内次官の白根松介《まつすけ》（一八八六～一九八三）に相談し、事なきを得た（前掲「ははさまの足跡五十年」）。彼女が築いた皇室との太いパイプが、聖心愛子会の危機を救ったのである。

敗戦直後、人心の虚脱状態を目《ま》のあたりにした聖園テレジアは、女学校と社会福祉施設をつくるため、飛行場の跡地を入手しようとした。彼女の命を受けた大橋イグナチアが飛行場を接収した米軍や大蔵省、神奈川県、藤沢市などと交渉を重ねた結果、七万二千坪もの土地を入手し、旧軍の兵舎を利用して女学校と「子供の家」「母子ホーム」「ベビーホーム」が建設された（『グリーンハウス物語』、善行雑学大学、二〇一一年）。

こうして四六年四月に開校したのが、聖園女学院高等女学校だった。「日本が戦争に負けたのは、国民に信仰が足りなかったことに原因すると思います。自分の祖国ドイツも同じでした。そこで私はなんとしても、信仰を教育の中心とする女学校を建て、信仰を持つ将来役に立つお母さんを、育てあげたいと思います」という聖園テレジアの言葉に白根松介が共感したことも、開校を促す要因になった（白根松介「テレジア母様を偲《しの》ぶ」、前掲『聖園テレジア追悼録』所収）。江ノ島線の沿線では、後で触れる大和《やまと》学園高等女学校、乃木（湘南白百合）高等女学校に次ぐ、カトリックの高等女学校であった。

一九四八（昭和二十三）年には学制改革により聖園女学院高等女学校が聖園女学院高等学校に名称変更し、小学校や中学校が併設された。それとともに、聖心愛子会本部や聖園女学院には皇族がしばしば来訪するようになった。

まず四六年四月九日、香淳皇后が滞在していた葉山御用邸から日帰りで訪れ、聖園テレジアの案内により、子供の家ほか諸施設を見学している（前掲『聖園テレジア追悼録』）。四七年五月十四日には高松宮宣仁《のぶひと》親王（一九〇五〜八七）が、同年六月一日には東久邇宮稔彦王《ひがしくにのみやなるひこおう》の妃聡子《としこ》（一八九六～一九七八）と東久邇宮盛厚王《もりひろおう》の妃成子《しげこ》（照宮。昭和天皇の長女。一九二五～六一）が、四八年四月九日には義宮正仁《よしのみやまさひと》親王（昭和天皇の次男。後の常陸宮《ひたちのみや》）が、次々に訪れている（「聖園女学院日誌抄」、『みその』第一号、一九五四年所収）。

これほど多くの皇族が来訪したのは、宮内次官を辞めて聖園女学院の初代校長となったばかりか、聖園父母会の会長を約三十年にわたってつとめることになる白根松介がいたからであった（阿比留照久「白根先生をお送りする」、『みその』第二一号、一九七四年所収）。敗戦直後に侍従次長をつとめ、四六年七月から八月にかけて昭和天皇の命により「九州におけるカトリック教派の状況」（『昭和天皇実録』一九四六年九月七日条）を視察した木下道雄（一八八七～一九七四）もまた、宮中を離れてから白根とともに聖心愛子会の顧問や聖園女学院の講師となっている。「聖園女学院教職員住所録」（『みその』第七号、一九六〇年所収）によれば、聖園テレジアらが本部に当たる女子修道院に住み込んでいたのに対して、白根は新宿区、木下は練馬区に住んでいたから、小田急で通ったのかもしれない。

白根と木下は、校内誌『みその』にも寄稿し、昭和天皇に関する思い出をたびたび披瀝《ひれき》している。例えば白根は、「テレジア母様を偲びて」（『みその』第一三号、一九六六年所収）のなかでこう述べている。

> 天皇陛下が秋田支部に行幸になりました時、同支部の社会福祉施設を隅〔隈《くま》〕なく御巡覧になり、聖堂では入口から内部を御覧願う予定でありましたところ、陛下には、つか〳〵と聖堂にお入りになり、その中央部でお立ちどまりになって黙礼遊ばされました。その時、母様は陛下のおそばに侍立されたのでしたが、陛下には、流れくる聖歌「日出《い》づる国」の終るまでお立ちつゞけになったのでありました。その折の母様の感激の御様子は今も目に見るような気がいたします。

驚くべき記述である。四七年の秋田行幸に同行した白根が聖心愛子会の秋田支部を訪れたさいの昭和天皇の振る舞いを回想するこの記述を読むと、まるで天皇が「母様」、すなわち聖園テレジアに見守られながら、カトリックに改宗したかのような錯覚すら抱かせる。とても女子校の校内誌に掲載されるたぐいの文章には思えないのである。『みその』に発表された白根や木下の文章の多くは、後に前掲『聖園テレジア追悼録』や木下道雄『新編　宮中見聞録――昭和天皇にお仕えして』（日本教文社、一九九八年）に収録され、初めて広く一般に知られることになる。

カトリックの家庭に育ち、聖心女子大学を卒業した皇太子妃美智子（現上皇后）もまた、聖心愛子会にただならぬ関心を寄せていた。六二（昭和三十七）年九月に皇太子（現上皇）とともに岡山県を訪れたときには、同会の岡山支部を見学したこともある。ただ本部を訪れたことはなかった。訪問の計画自体は聖園テレジアの在世中からあったが、皇太子妃の体調不良や懐妊のためになかなか実現されなかった。皇太子妃は白根に「藤沢の聖心愛子会へは、いつも都合が悪くなって行けませんで残念でしたが、是非行きたいと思っています」とたびたび語ったという（白根松介「皇太子妃美智子殿下をお迎えして」、『みその』第一八号、一九七一年所収）。

一九七〇（昭和四十五）年十月十三日、皇太子（現上皇）夫妻は藤沢市民会館、神奈川県立体育センター、神奈川県立ゆうかり園、神奈川県立近代美術館を訪れ、葉山御用邸に入った（『神奈川新聞』七〇年十月十四日）。その翌日、皇太子妃は単独で葉山御用邸から自動車で聖園女学院に来校した。「十四日は妃殿下だけ藤沢市の聖心愛子会を訪問される」（『朝日新聞』神奈川版同年十月十三日）と報じる新聞もあったが、当日の模様は報道されず、完全なお忍びであった。皇太子妃の滞在時間は、午前十時から午後一時五十五分までの四時間弱におよんだ（「美智子妃殿下ご来校」、前掲『みその』第一八号所収）。

皇太子妃は記念館、体育館のほか、聖園テレジアが女学校とともにつくった聖園子供の家、ベビーホーム、母子ホームなどの社会福祉施設を巡覧した。体育館では、全児童生徒や教職員ら千三百人あまりの出迎えを受け、生徒から花束を贈られている。

前掲「美智子妃殿下ご来校」には、皇太子妃が写った三枚の写真が一つの頁《ページ》に掲載されている。「聖園テレジアは今日の日を待望致しておりました。さぞかし天国で今日の行啓を感謝感激致していることと存じます」と述べた白根の言葉を受ける形で、皇太子妃は「テレジア様の愛の心をひとりひとり心にもって、むつみあい、励ましあい、この聖心の園をさかえさせてゆきましょう」と述べた（同）。

ここまでの記述は、『みその』第一号を除いて、すべて一般に公開されている資料や史料によっている。聖心の布教姉妹会は二〇二一年五月にホームページを開設したが、聖心愛子会の時代を含めた会の歩みについてはごく簡単な年表しかない。皇室とのつながりや会の名称変更の件などにつき直接聞いてみたいと思い、「小説新潮」編集部を通して聖心の布教姉妹会に電話を入れ、面会を申し込んだものの断られたことは、先に述べた通りである。

ネットに公開されている「学校法人南山学園と学校法人聖園学院との法人合併協議開始について」によれば、聖心の布教姉妹会は二〇〇九（平成二十一）年の総会で学校法人運営から退くことを決議している。聖園テレジアに代わって創立者となったヨゼフ・ライネルスは学校法人南山学園の創立者でもあったことから、一四年七月の南山学園理事会と聖園学院理事会で法人合併することを前提に協議を始め、一六年四月に学校法人南山学園に法人名を変更している。また香淳皇后や現上皇后が訪れた子供の家やベビーホームも、一三年に聖心の布教姉妹会から「社会福祉法人みその」に運営が変わっている（社会福祉法人みそのホームページ）。

　聖心の布教姉妹会への訪問を諦《あきら》めきれなかった私は、聖園女学院を通して訪問ができないかどうかを探ろうと考えた。そして幸いにも、同会の敷地を外から眺めた二〇一七年十月十七日とその一カ月後の十一月十七日に、江木さんや後藤さんらとともに聖園女学院を訪問することを許された。藤沢本町の駅前は狭いため、どちらの日も駅から少し離れたところから電話をかけ、タクシーを呼び出して行き先を告げた。

　タクシーは藤沢街道（国道４６７号）に入ると坂を上り、やがて左手に見えてくる正門を通り抜けた。すぐに道が二手に分かれている。子供の家やベビーホーム、修道院へは右に行く。聖園女学院へは左へ行くが、全体が「みその台」と呼ばれる丘の上にある。聖園女学院中学校・高等学校のホームページによれば、校地は八万三千平方メートルもあり、その七割は未開発のままになっている。

当然ながら、校内では制服を着た女子中学生や女子高校生ばかりが目につく。校地には校舎や管理棟、講堂などのほか、二〇〇六（平成十八）年に落成したマリアホールや、二〇一五年に落成したイエスの聖心聖堂などの建物が点在している。キリスト像やマリア像も見られたものの、前掲『聖園テレジア追悼録』で写真が掲げられた聖園テレジアの銅像（安田周三郎作）は見当たらなかった。

管理棟で、校務部長の佐藤正志さんにお会いした。一度目の訪問では、聖心の布教姉妹会への訪問ができなかったことを伝えた上で、聖心愛子会や聖園女学院と皇室の関係に興味をもっていることを率直に話した。二度目の訪問では、『みその』第一号など、藤沢市総合市民図書館に所蔵されていない年の『みその』を閲覧させていただいた。

佐藤さんは、聖心愛子会と皇室とのつながりはもっと知られてよいという私の言葉に賛意を示されつつ、創立者は聖園テレジアではなくヨゼフ・ライネルスであることを強調された。しかし、なぜ聖園テレジアに言及してはならないのかという私の問いに対しては、言葉を濁された。学校法人名が南山学園に変わっても、聖心の布教姉妹会への心遣いが感じられた。結局、聖園女学院を通して聖心の布教姉妹会に面会を申し込むことはできなかった。

小田急江ノ島線とカトリックとの関わりは、聖心愛子会が藤沢に進出してくるより十年近く前、江ノ島線が開通した一九二九（昭和四）年にまでさかのぼる。開通と同時に、女子の中等教育機関として、沿線の南林間都市《みなみりんかんとし》（現・南林間）に大和学園高等女学校が開校したのである。

江ノ島線の善行―藤沢本町間で左右の車窓からカトリックの修道院と学校が見えるように、同じ江ノ島線の中央林間―南林間間の左右の車窓からもつい最近までカトリックの学校が見えた。ここは善行―藤沢本町間とは異なり、起伏はない。相模野《さがみの》台地と呼ばれる平坦《へいたん》な地形に住宅が整然と建ち並んでいるが、「林間」という駅名にふさわしく松林も残っている。カトリックの学校はそうした松林が見事に生い茂った一角にある。

左手の車窓に見えるのが二〇二一年に廃止された聖セシリア女子短期大学の跡地、右手の車窓に見えるのが聖セシリア幼稚園、同小学校と聖セシリア女子中学校・高等学校である。幼稚園から短期大学まですべて、大和学園高等女学校を前身とする学校法人大和学園聖セシリアが運営していた。

小田急の初代社長、利光鶴松《としみつつるまつ》（一八六四〜一九四五）は、江ノ島線に東林間都市

(現・東林間)、中央林間都市(現・中央林間)、南林間都市という三つの駅を開業させた。六十五万坪の用地に五千戸の分譲住宅や学校、各種スポーツ娯楽施設からなる「林間都市」の建設を目指したからだ。その中心は、駅名に反して中央林間都市ではなく、南林間都市だった。新宿と南林間都市の間には下見客用の無料乗車券が配られたり、土地購入者に三年間保証の無料乗車券が与えられたりしたが、都心からは遠すぎた上、不況と戦争が重なって計画は大幅に縮小され、四一年には駅名から「都市」の文字が消えた(『大和市史3　通史編近現代』、大和市、二〇〇二年)。

林間都市構想は失敗しても、大和学園は南林間に残った。駅前の住宅地に学校をつくる学園都市の発想は、それまでにもあった。例えば、大正末期に大学町として計画された中央線の国立《くにたち》には、都心から東京商科大学(現・一橋大学)が移転してきたし、一九二七(昭和二)年に開通した小田急小田原線でも、成城学園前の駅前に住宅地と成城学園が一体となる町ができた。しかし、れっきとしたカトリックの学校ができたのは、南林間だけであった。

大和学園を開校させたのは、利光鶴松の長女、伊《い》東《とう》静江《しずえ》(一八九三〜一九七一)である。伊東は東京聖心女学院語学校時代に外国人修道女と生活したのが縁で、カトリックに入信している。洗礼名はモニカであった。

大和学園は、聖園女学院のように修道女会によってつくられた学校ではなく、一般信徒によってつくられた、信徒使徒職による学校であった（学校法人大和学園聖セシリアモニカ会編『ただ信頼あるのみ　創立者モニカ伊東静江先生の足跡』、学校法人大和学園聖セシリアモニカ会、二〇〇六年）。非常に珍しいケースと言える。

学則には四年間で定員四〇〇人とあるが、女子のミッション・スクールという地方では馴染《なじ》みの薄い学校とあって、生徒は都会からの通学者が多かった。そのため、通学者には在学中、小田急の無料パスを交付し、新宿―南林間都市間に一日一往復の通学用の専用電車を走らせて、生徒の募集に努めた。こうして、開校時は十数人にすぎなかった生徒も、一〇年後には二五〇人を数えるまでになった。（前掲『大和市史3』）

このように小田急から便宜を受けた背景に、伊東静江が社長を父親にもっていることが有利に働いていたことは想像に難くない。カトリックの学校でありながら戦中期にさまざまな圧力を受けずに済んだのも、父親の影響力があったからだと言われている（前掲『ただ信頼あるのみ』）。

聖園テレジアと伊東静江は、三歳しか年齢が違わなかった（聖園テレジアの方が年上）。伊東が大和学園を開校させてから九年後に、聖園テレジアも聖心愛子会の本部を藤沢につくった。二人の女性は、修道女と一般信徒という違いはあっても、ともにカトリックの信徒として、明らかに同時期、同じ沿線で活動していたのだ。

聖園女学院も大和学園も、同じく三七（昭和十二）年にカトリック東京教区から分離独立した横浜教区に属する学校であり、横浜教区のカトリック校の研究会もあったから、何らかの交流はあったはずである。が、聖園テレジアと伊東静江の接点をうかがわせる記録は確認できない。

いまでも、南林間駅の西口には碁盤の目のように街路が規則正しく整備され、線路に並行する南北の街路は一条通りから十一条通りまである。林間都市構想に基づく区画整理の遺産がここに残っている。しかし駅と学校が一体となっているようには見えず、国立や成城学園前のような雰囲気は感じられない。

かつては林間都市の中心駅にふさわしく、南林間に急行が終日停まったが、現在では急行は朝夕ないし深夜に運転されるだけで、昼間は普通しか停まらない。一方、隣駅の中央林間には急行が停まらなかったが、東急田園都市線が接続するようになって乗降客が増え、九〇（平成二）年からは急行が停まるようになる。

さらに二〇〇二年に登場した湘南急行は、中央林間に停まり、南林間を通過するようになる。この湘南急行が快速急行となり、大幅に本数が増えて今日に至っているわけだ。新宿につながる小田急の林間都市はすっかり消え、渋谷につながる東急の田園都市に吸収されてしまったように見えなくもないのである。

　小田急江ノ島線の線路は、終点の片瀬江ノ島ばかりか途中の藤沢も頭端式《とうたんしき》のホームになっているので、すべての電車が藤沢に停まり、折り返し運転する。スイッチバックのような高低差がないのに頭端式になっている途中駅は、西武池袋線の飯能や東武野田線の柏、ＪＲ石北本線の遠軽《えんがる》、ＪＲ花輪線の十和田南など、全国に数えるほどしか残っていない。

　藤沢―江ノ島間には、先に江ノ島電気鉄道（現・江ノ島電鉄。略称は江ノ電）が開通していた。このため小田急江ノ島線の藤沢―片瀬江ノ島間は、江ノ電の線路よりも西側の海に近いルートがとられた。とはいえ片瀬江ノ島駅は、二級河川の境川《さかいがわ》をはさみ、江ノ電の江ノ島駅と四百メートルほどしか離れていない。

　江ノ電が藤沢―江ノ島間を開通させたのは、地主であり、鎌倉郡長や県会議員を歴任した山本庄太郎の力によるところが大きい。地元の人力車夫が反対したため、線路のほとんどを庄太郎の敷地内に通したからだ。人家の間を縫ったり、不自然に曲がりくねったりしている線路に、当時の痕跡《こんせき》が残っていると見ることもできる。

庄太郎の息子が、先に触れた山本信次郎である。信次郎は一八七七（明治十）年に片瀬で生まれ、暁星学校に入学し、日本マリア会の神父で創立者のアルフォンス・ヘンリックに出会っている。これをきっかけとして、一八九三年にカトリック信者となり、海軍軍人になってからもバチカンを六回にわたって訪れるなど、敬虔《けいけん》な信仰を生涯にわたりもち続けた。

一九一四（大正三）年からは三年間、駐伊大使館付武官としてイタリアのローマに滞在した。この間にバチカンを訪れ、ローマ教皇ベネディクトゥス十五世（一八五四～一九二二）に会っている。信次郎はベネディクトゥス十五世から厚く信頼され、私宅にキリストの証《あか》しである「聖体」を安置する特典を与えられたため、パリで祭壇や祭具一式を購入して帰国している（山本正『父・山本信次郎伝』、中央出版社、一九九三年）。二二年には皇太子裕仁《ひろひと》（後の昭和天皇）のバチカン訪問に東宮御学問所御用掛として同行した。このときベネディクトゥス十五世に再会し、皇太子の通訳をつとめている。

法王ベネディクトゥス十五世は親《みずか》ら室を出て奉迎し、皇太子の前に進む。この日

> 法王は純白の上着に純白の半球帽を被《かぶ》り、胸十字を佩用《はいよう》する。皇太子は法王と御握手をされ、山本御用掛のフランス語の通訳にて御挨拶《あいさつ》を交換される。これより法王は皇太子及び〔閑院宮〕載仁《ことひと》親王を書斎に導き、山本御用掛のみ通訳として扈従《こしょう》する。（『昭和天皇実録』一九二一年七月十五日条）

信次郎は、ベネディクトゥス十五世と皇太子が直接対話する場に居合わせたのである。皇太子が帰国し、摂政になった翌年の一九二二年には、宮内省御用掛となっている。そして二四年には、故郷の片瀬に転居している。「この家に隣接する隠居所の二階全部を開放して祭壇を設けて聖堂とし、そこで日曜のミサが挙げられることとなった」（前掲『父・山本信次郎伝』）。ベネディクトゥス十五世から与えられた特権が生かされたのだ。これが仮聖堂である。

一九二九（昭和四）年四月、小田急江ノ島線の開通に伴い、仮聖堂の近くに片瀬江ノ島駅が開設された。当時は湘南地区にカトリック教会はほとんどなかったから、日曜のミサに江ノ島線で通う信者もいたという。

信次郎は、片瀬の自宅とこれに付随する土地を、カトリックの修道女会であるシャルトル聖パウロ修道女会に提供した。ここに三六年、まず同会の支部に当たる修道院と片瀬乃木幼稚園ができ、三七年には片瀬乃木小学校、三八年には乃木高等女学校が開校された。この年に聖心愛子会の本部が藤沢にできたのは先に触れた通りである。なぜ、カトリックの学校に、軍神となった乃木希典《まれすけ》（一八四九〜一九一二）にちなむ「乃木」が付いているのか。

明治末期、学習院長だった乃木は、生徒の夏季鍛錬の場として片瀬海岸を選び、幕舎を建てて起居していた。信次郎は常に、「由緒《ゆいしょ》ある土地だから、何か有益な事に役立てねばならない」と言っていたが、この由来を知っていたシャルトル聖パウロ修道女会のフロランチヌ・シャルパンチェ管区長は、開設された学校に記念として乃木の名を冠したのである（同）。

なお、シャルトル聖パウロ修道女会には詳細なホームページがある。そこから支部に当たる片瀬修道院の概要を知ることもできる。

三七年十一月にカトリック横浜教区ができると、信次郎が建てた仮聖堂が教会として正式に認められ、三九年三月、カトリック片瀬教会が開設された。いまも残るこの聖堂は、聖心愛子会の修道院同様、一見寺院風で、カトリックの施設にはとても見えない。「乃木」を冠した学校といい、キリスト教であることを隠さなければならない時代の雰囲気を濃厚に反映している。

湘南白百合学園小学校に隣接するカトリック片瀬教会。矢切りには十字架が掲げられているが、一見しただけでは教会とはわからない木造の寺院風の外観である。

　信次郎は四二年に死去するが、敗戦直後の四六年には、乃木高等女学校が湘南白百合高等女学校に改称された。さらに四七年には学制改革により、幼稚園、小学校、中学校、高等学校が新たに誕生し、それぞれ「乃木」の代わりに「湘南白百合学園」が冠されるようになる。七九年には中学校と高等学校が移転し、現在は信次郎ゆかりの片瀬海岸に幼稚園と小学校だけが残っている。

　江木さん、後藤さんと私は、聖園女学院への一回目の訪問のあと、藤沢本町駅にまた戻り、江ノ島線の下り電車で片瀬江ノ島駅まで行った。開業当初から変わらない、まるで竜宮城のような駅舎（二〇二〇年に完成した新駅舎でも竜宮造りが踏襲された）を出て平坦な道を北に向かうと、すぐに湘南白百合学園小学校が見えてきた。

実は戦時中、正田美智子（現上皇后）が鵠沼《くげぬま》に疎開《そかい》していたとき、数カ月だけ近くにあったこの小学校（当時は片瀬乃木小学校）に通ったことがあった。つまり聖園女学院も湘南白百合学園も、現上皇后と縁のあるカトリックの女学校と言えるのである。湘南白百合学園小学校に隣接して、カトリック片瀬教会がある。寺院風の聖堂の矢切りに十字架がかけられている。不思議な光景だ。

ここには聖心の布教姉妹会とは異なり、「ようこそカトリック片瀬教会へ」と題する冊子が置いてある。冊子には、「どうぞ祈りの雰囲気を味わってください。長椅子《ながいす》にお座りください。目を閉じて静かなひとときを過ごしてみてください。そしてまた訪ねてきてください」とある。

聖堂のなかに入ってみた。

木造の比較的簡素な建物である。通路を中央にして、長椅子が左右対称に並んでいる。その前方には祭壇がある。後方の壁面には、「暁の星なる聖母」と題された絵が掲げられている。一九一五（大正四）年、ローマに滞在していた山本信次郎が、日本の教会の発展とキリスト教を伝えたいという熱い願いから、イタリアの女流画家、フランキ・ムッシーニに依頼して描かせた作品だという。ベネディクトゥス十五世の署名が入っているのが目を引く。

東海道本線の沿線に比べて開発が遅れた上、経済格差もあった小田急江ノ島線の沿線には、開通の直後からカトリックの女学校や女子修道院が次々につくられた。「カトリック」と「女性」が、南林間都市（南林間）から片瀬江ノ島まで、江ノ島線の沿線に帯状につながっていたのである。キリスト教が根付かなかった日本の、しかも都市部ではなくその郊外にあって、きわめて珍しい沿線風土が形成されたと言ってよい。

しかもここには、皇室との見えざるつながりがある。カトリックと関係の深い現上皇后の姿もかいま見えるのだ。近現代日本の地下水脈の一つが、この小田急江ノ島線の沿線にあるのかもしれない。

小田急江ノ島線に並行し、神奈川県の中央部を流れる相模川にほぼ沿うようにして南北に走るのが、茅ヶ崎と相模原市の橋本を結ぶＪＲ相模線である。相模線は江ノ島線よりも早い一九二一（大正十）年に私鉄の相模鉄道（現在の相鉄）として開業し、三一（昭和六）年に全通したが、四四年に東海道本線と中央本線をつなぐバイパス線として国有化された。八七年の国鉄解体以降、ＪＲ東日本が管轄《かんかつ》している。

開通当時から全線複線だった江ノ島線とは対照的に、相模線はいまだに単線が全区間を占め、無人駅も多い。また江ノ島線よりは都心から遠いせいか、宅地化の波も江ノ島線ほど顕著ではなく、途中駅の入谷《いりや》のように一面の田圃《たんぼ》のなかに駅があったりもする。

特筆すべきは、相模国一之宮で、寒川比古命《さむかわひこのみこと》と寒川比女命《ひめのみこと》をまつる寒川神社が町の中央に鎮座する高座郡寒川町の南北を、鉄道として唯一通っていることだ。寒川神社の森は、寒川―宮山間の車窓からも見える。神社の最寄り駅である宮山は、ふだんは無人駅でありながら、毎年三が日には駅員が配置され、初詣《はつもうで》客でにぎわう。だから相模線と言えば神社のイメージが強いが、この沿線には知られざる宗教施設がある。

宮山から下り電車に乗って三つ目の駅が社家《しゃけ》である。寒川神社の神職が住んでいたのかもしれないが、所在地は寒川町でなく海老名《えびな》市になる。この社家と次の厚木のちょうど中間に当たる地点に、大学のキャンパスか総合病院と見まがうような白亜の建物群がある。

米国に世界本部を置くエホバの証人の日本支部だ。

エホバの証人は、キリスト教系の新宗教の一つである。唯一神エホバ（ヤハウェ）を崇拝し、イエス・キリストが全能の神であることを否定している。ましてやカトリックのように、キリストの母マリアを聖母として崇拝することはない。エホバとは言わば、「父なる神」なのだ。

日本におけるエホバの証人の歴史をざっと紹介しておこう。大正末期、米国に総本部をもつワッチタワーの支部として、聖園テレジアとほぼ同時代を生きた明石順三《あかしじゅんぞう》（一八八九～一九六五）により灯台社がつくられた。灯台社というのは、ワッチタワーの訳語である。

灯台社は徹底した良心的兵役拒否を行い、戦中期に弾圧されたが、明石順三は獄中でも信念を曲げることはなかった。「天皇は人間の一人であって神に非《あら》ず」という主張のもと、戦争を否定し続けたのである。一九四二（昭和十七）年四月九日の公判で明石はこう述べている。

> 現在、私の後についてきている者は四人しか残っていません。私とともに五人です。一億対五人の戦いです。一億が勝つか五人がいう神の言葉が勝つか、それは近い将来に立証される事でありましょう。（鶴見俊輔「明石順三と灯台社」、『思想史を歩く』上、朝日選書、一九七四年所収）

激しい弾圧によって転向者を出したために、灯台社のメンバーはもう五人しか残っていなかった。それでも明石は、天皇よりもエホバを上位におき、自らの信仰を貫こうとした。皇室との太いパイプを築き、天皇や皇后からも信頼を得た聖園テレジアとはあまりに対照的である。

戦後、明石順三はワッチタワー米国総本部の戦時中の姿勢を批判する公開質問状を送ったため、総本部から除名された。これに伴い、新たに「ものみの塔聖書冊子協会」と呼ばれる日本支部がつくられた。「ものみの塔」はワッチタワーの新たな訳語である。灯台社はワッチタワーの歴史から完全に抹殺されたのだ。

一九七八（昭和五十三）年には海老名市中新田《なかしんでん》に土地を購入し、八二年に新しい日本支部が完成した（大泉実成《みつなり》「エホバの証人―ハルマゲドンと輸血拒否―」、清水雅人編『新宗教時代』4、大蔵出版、一九九五年所収）。相模線の社家―厚木間にある建物群がまさにそれだ。ただちょうど中間地点にあるため、日本支部に行くには相模線のほか、小田急小田原線と相鉄本線が乗り入れる海老名駅からタクシーに乗る必要がある。

ホームページには、「ベテルと呼ばれるエホバの証人の支部事務所にどうぞお越しください」とある。信者でなくても、いつでも見学できるような書き方になっている。カトリック片瀬教会を訪れたあとの飛び込みだったが、案の定見学を許された（現在は原則として予約が必要——後注）。

受付も案内役も若い男性だった。日本支部を紹介するビデオを見てから、印刷工場を見学する。よく駅前などでエホバの証人の冊子を持って立っている信者の姿を見かけるが、あの冊子はここで印刷されていたのだ。

ホームページ（当時）によると、ここでは聖書、本、冊子を年間千五百万冊、雑誌を年間一億冊以上生産し、百五十の言語の出版物を毎年五千七百トン発送しているという。日本支部と称しながら、世界中のあらゆる国々で布教活動を広めるための、さながら前線基地になっている。

印刷工場で働いているのも男性ばかりであった。みな同じような年齢で似たような服装をしている。非常に同質的に見える。信者数自体は男性よりも女性の方が多いようだが、少なくとも日本支部に関する限りそうは見えない。女性の姿が目立った小田急江ノ島線沿線のカトリックの諸施設との違いを意識せずにはいられなかった。

こうした違いは、「母」の慈愛によって天皇をも包容する聖母マリアと、「父」の権威によって天皇をも超越する唯一神エホバの違いに通じるものがある。小田急江ノ島線のキーワードが「カトリック」と「女性」だとすれば、それに対抗するＪＲ相模線のキーワードは「エホバ」と「男性」ということになろうか。

神奈川県を南北に縦断する二つの「線」は、どちらもキリスト教という日本のマイノリティに関わりながら、決して交わることがないのである。

二　二つの「常盤」
――「ときわ」と「じょうばん」の近現代

二〇一五（平成二十七）年三月十四日、上野東京ラインの開業とともにJR常磐線が上野から品川まで乗り入れるようになった。それに伴い特急の愛称名も変わり、停車駅の少ない特急が「ひたち」、停車駅の多い特急が「ときわ」となった。新たに登場した「ときわ」は、一九八五（昭和六十）年三月まで運転されていた急行の愛称名でもあった。

「ひたち」が現在の茨城県とほぼ重なる旧国名の常陸《ひたち》に由来しているのは明らかだろう。ただ日立も「ひたち」と読むことを踏まえれば、沿線にある茨城県日立市を指しているようにも見える。平仮名で表記することで、二重の意味が生じているように思えるのだ。

一方の「ときわ」はどうか。『日本鉄道旅行歴史地図帳』3号関東（新潮社、二〇一〇年）では、「『ときわ』は常磐と書き、常磐線を象徴する列車名」とある。つまり

「ときわ」イコール「じょうばん」であり、音読みを訓読みに言い換えただけということになる。

この説明は正しいだろうか。

そもそも「ときわ」と「じょうばん」は同じではない。常陸と、明治元（一八六八）年に陸奥《むつ》国の分割に伴い設置された磐城《いわき》という二つの国名の頭文字を組み合わせた「じょうばん」は、明治以降新たにつくられた言葉であるのに対して、「とこいわ」を語源とし、常に変わらない岩、ないしは永遠に変わらないさまを意味する「ときわ」（常磐のほかに常盤、常石などとも表記）は、古代にまでさかのぼれる言葉と言えるからだ。

例えば『万葉集』には早くも、「博通《はくつう》法師、紀伊の国に行き、三穂《みほ》の石室《いわや》を見て作る歌三首」の一つとして、「常磐《ときわ》なす石室は今もありけれど住みける人ぞ常なかりける」（常に変わらず岩屋は今もあるけれど、ここに住んでいた人は常住不変でありはしなかった）という和歌が収められている（『新潮日本古典集成　萬葉集二』、新潮社、一九七六年）。「ひたち」という愛称名に常陸と日立という二重の意味があるように、「ときわ」という愛称名にも近現代の「じょうばん」に重なる意味のほか、古代以来の「ときわ」に由来するもう一つの意味があると考えるべきだろう。

そう考えると、常磐線という線名に改めて注目せずにはいられなくなる。この線名そのものが、ほかの線にはない奥深さをもっているようではないか。

ＪＲ常磐線の下り電車が茨城県の赤塚を過ぎて次の水戸に近づく手前、右手に大学のキャンパスが見えてくる。「常磐大学」という看板から私立の常磐大学だとわかるが、この常磐は「じょうばん」でなく「ときわ」と読む。

さらに進むと左手に日本三名園の一つである偕楽園《かいらくえん》が現れ、梅のシーズンにしか乗り降りができない偕楽園駅のホームが眺められる。その駅前には巨大な鳥居がそびえ立ち、常磐神社へと続く参道の石段が延びている。この常磐も「ときわ」と読む。ちなみに偕楽園は明治から昭和初期にかけて常磐公園と改称されたが、この常磐もまた「ときわ」であった。

なぜ常磐線の赤塚から水戸にかけての一帯に、「ときわ」ばかりが集まっているのか。偕楽園や常磐神社の所在地が水戸市常磐《ときわ》町となっているように、このあたりの地名は「ときわ」である。常磐神社も常磐公園も、もともとの地名からとったと考えれば納得がいく。

では一体いつから、「ときわ」という地名が出てくるようになったのか。

常陸国は、播磨《はりま》国、肥前《ひぜん》国、豊後《ぶんご》国、出雲《いずも》国と並び、奈良時代に編纂《へんさん》された風土記が写本として現存している。けれども『常陸国風土記』には、「ときわ」はまだ出てこない。

平安時代に編纂された『倭名類聚抄《わみょうるいじゅしょう》』の「和名　第六」所収の「常陸国第八十七那《な》珂《か》郡」に記された二十二郷の一つとして、「常石」（ときは）という地名が初めて出てくる。これが「ときわ」のルーツであろう。鎌倉時代には常石から常磐に表記が変わり、江戸時代には発音は変わらないまま常葉という表記が出てくるが、常磐という表記も残り、常葉村ないし常磐村と呼ばれるようになる。元禄《げんろく》十二（一六九九）年には、水戸黄門として知られる二代水戸藩主の徳川光圀《みつくに》（一六二八～一七〇一）が、東照宮（水戸東照宮）の鎮座する霊松山を常磐山に改称させている。

一八八九（明治二十二）年、「市制及町村制」の施行に伴い、水戸市に隣接して東茨城郡常磐村が成立した。常磐村は一九三三（昭和八）年に水戸市に編入されたが、常磐自体は水戸市内の町名として残ったわけだ（以上の説明は、『新版角川日本地名大辞典』DVD-ROM、角川学芸出版、二〇一一年による）。

つまり「ときわ」というのは、漢字の表記を変えながらも、平安時代から今日まで千年以上にわたってずっと受け継がれてきた地名と言える。

しかし「ときわ」としての常磐が浮上してくるのは、明治になってからであった。

水戸藩の九代藩主、徳川斉昭《なりあき》（一八〇〇～六〇）は、天保十三（一八四二）年に偕楽園を開いた。そして斉昭が死去して十年あまりが経《た》った一八七三（明治六）年には、徳川光圀と斉昭を祭神とする常磐神社が創建され、翌年には遷座《せんざ》祭《さい》を挙行して偕楽園内の一部を境内としたのである。

> 明治の初期茨城郡常磐村偕楽園に二公の神像を祀《まつ》れる祠《し》堂《どう》あり。廃藩置県の後、旧藩士民等二公の高徳を仰慕して已《や》ます、更に神社に祀り、秩祀《ちつし》の典礼に預からんことを請《こ》ふ。朝議之《これ》を允《ゆる》し、（明治）六年三月二十七日常磐神社の号を賜《たま》ふ。（『常磐神社略誌』、常磐神社社務所、一九二四年）

常磐神社という社号は、「朝議」すなわち朝廷の会議を経て、勅旨をもって与えられたというのだ。一八八二（明治十五）年には、国家に功績を挙げた忠臣をまつる神社のために創設された別格官幣社に列格している。

ここで一つの疑問が生じる。光圀と斉昭という、水戸藩を代表する藩主であり、水戸学を創始ないし復興させた人物を祭神にするからには、なぜ神社の名称を人物名にふさわしいものにしなかったのかという疑問である。

それはおそらく、常磐の本来の意味である「永遠に変わらない」という意味をもたせたかったからではないか。

斉昭に重んじられた会沢正志《せいし》斎《さい》（一七八二～一八六三）は、水戸学の教典と言うべき「新論」のなかで、「天日之《てんじつの》嗣《し》、世宸極《よよしんきょく》を御し、終古易《かわ》らず」と述べている（『日本思想大系53　水戸学』、岩波書店、一九七三年）。アマテラスの血統を代々受け継ぐ天皇の地位は、永遠に変わらないとしているのだ。つまり常磐神社という名称は、まさに水戸学のイデオロギーにふさわしいと言えるわけである。常磐神社の創建に合わせて、『孟子』梁恵王《りょうのけいおう》章句上の「古《いにしえ》の人は民と偕《とも》に楽しむ。故《ゆえ》に能《よ》く楽しめるなり」（古の賢人は自分ひとりで楽しまないで、人民といっしょに楽しんだからこそ、ほんとうに楽しめたのです）に由来する偕楽園を「常磐公園」に改称したのも、同様の理由によるものではなかったか。

一九二九（昭和四）年十一月二十一日、陸軍特別大演習が行われるのに合わせて水戸市に滞在していた昭和天皇が、歴代天皇で初めて常磐神社を訪れた。祭神が臣下に当たるので参拝はしなかったものの、天皇が水戸学を尊重する姿勢を見せたのは明白だった。天皇は続いて斉昭自身が設計した常磐公園内の好文亭を訪れ、最上階に当たる三階の楽寿楼から「国見」をした（『昭和天皇実録』同日条）。この時期はちょうど天皇の神格化が強まり、治安維持法が改正されて「国体」の変革に対する最高刑が死刑に引き上げられるなど、「永遠に変わらない」という「国体」の観念が高まりつつあった時期に当たっている。

一八八九（明治二十二）年四月に楽寿楼に登った正岡子規（一八六七～一九〇二）は、「がけと沼〔千波湖《せんばこ》〕の間に細き道を取りたるは汽車の通ふ処也《ところなり》。此楼《このろう》のけしきは山あり、水あり、奥処《おうじょ》と曠如《こうじょ》を兼ねて天然の絶景と人造の庭園と打ちつゞき常盤木《ときわぎ》、花さく木のうちまじりて、何一ッかげ〔け〕たるものなし」（「水戸紀行」、復本一郎編『子規紀行文集』、岩波文庫、二〇一九年所収）と風景を絶賛した。いまでも楽寿楼からは、崖《がけ》の上にある常磐神社と千波湖の間を縫うようにして走る常磐線の電車が見える。その風景はあたかも、「ときわ」と「じょうばん」という二重の意味をもつ常磐線の姿を象徴しているかのようだ。

常磐線という名称は、一八九二（明治二十五）年六月二十一日公布の鉄道敷設法《ふせつほう》の第二条に規定された「予定鉄道線路」の一つとして、「総武線及常磐線」があげられたのが初出と見られる。

ここでは、「茨城県下水戸ヨリ福島県下平《たいら》ヲ経テ宮城県下岩沼ニ至ル鉄道」を常磐線とし、国が建設すべき線と規定していた。平は現在のいわきである。鉄道敷設法が掲載された『官報』第二千六百九十三号にはルビが振られていないものの、総武線と併記されていることから見ても、常磐線ははじめから「じょうばんせん」と音読みで読むことが想定されていたと考えられる。

ところが、常磐線は官設ではなく、私鉄の日本鉄道により建設が進められた。例え

ば一八九六（明治二十九）年六月十三日付の『東京朝日新聞』には、次のような記事が見られる。

●土浦線及常磐線　日本鉄道の土浦線即《すなわ》ち田端友部間ハ来《きた》る九月下旬又常磐線中水戸平間ハ来る十月下旬若《もし》くハ十一月上旬に開業の筈《はず》なりと

また同年十二月二日付の『読売新聞』にも、次のような記事が見られる。

○日本鉄道常磐線の工事　日本鉄道会社の新線路なる常磐線中府下田端停車場と土浦間ハ来る十五日を以《もっ》て開業する筈にて又水戸より平迄《まで》ハ明年三四月頃開業の運びなるよし

正確に言えば、日本鉄道の田端―土浦間の開通は一八九六年十二月二十五日、水戸―平間の開通は一八九七年二月二十五日であったから、どちらの新聞も誤った報道をしていたことになる。しかしここでは、どちらにも出てくる常磐線という三字熟語に注目したい。

当時の新聞には、すべての漢字にルビが振られていた。常磐線のルビを見ると、『東京朝日新聞』は「ときはせん」、『読売新聞』は「じやうばんせん」となっている。もちろん正しいのは『読売新聞』のほうだが、当時はまだ「じょうばん」という読み方が一般的でなく、常磐といえば「ときわ」と読むのが普通であった。『東京朝日新聞』は、その常識にとらわれてしまったのだろう。

実は鉄道敷設法や新聞の報道に反して、このときはまだ常磐線という名称が正式な線名ではなかった。現在の常磐線とほぼ重なる日本鉄道の田端―岩沼間が全通したのは、一八九八（明治三十一）年八月であった。このうち田端―南千住間は隅田川線、南千住―友部間は土浦線、水戸鉄道として最も早く開通した友部―水戸間は水戸線、水戸―岩沼間は磐城線と呼ばれていた。一九〇一（明治三十四）年の株主総会では、これらの区間を統合して日本鉄道海岸線と称することが議決された。それが常磐線に改称されたのは、鉄道国有法により買収され、国有鉄道になった後の一九〇九（明治四十二）年十月十二日であり、かなり遅かった。

常磐線の主な役割は、旅客輸送よりも貨物輸送であった。一つは日立鉱山の銅、もう一つは常磐炭田の石炭。どちらも茨城県から福島県にかけての沿線に位置し、常磐線が開通する明治以降、本格的に開発された。常磐線の駅からは、さらに鉱山や炭鉱へと多くの支線が建設された。政治的なイデオロギーと結びつきやすい「ときわ」とは対照的に、「じょうばん」は明治以降の資本主義の発展という、経済につながる響きをもって立ち現れたのである。

二〇一八（平成三十）年四月四日、後藤結美さん、新潮社ＯＢの田中比呂之さんと品川9時45分発いわき行き特急「ひたち7号」に乗った。

前述のように、「ひたち」は「ときわ」に比べて停車駅が少なく、東京、上野と停まったあとは水戸まで停まらない。三月の土日は観梅客のために偕楽園にも停まっていたが、四月になると再び通過する。そのため常磐神社の大鳥居をじっくりと見ることもできなかった。

水戸を過ぎると那珂川を渡り、ひたちなか市の中心、勝田に続けて停まる。ほとんどの「ときわ」はここ勝田止まりとなっている。勝田を出て久慈川を渡ると、ようやく平坦《へいたん》な関東平野が尽き、起伏のある地形へと変わる。ここはもう阿武隈山地の南端に当たる段丘地帯で、企業城下町として知られる日立市の住宅地が車窓に広がる。

通過する常陸多賀のあたりで日立製作所の工場建屋《たてや》が目立ってきたかと思うと、右手の視界がしだいに開け、太平洋が近づいてくる。そして左手には側線が分岐し、構

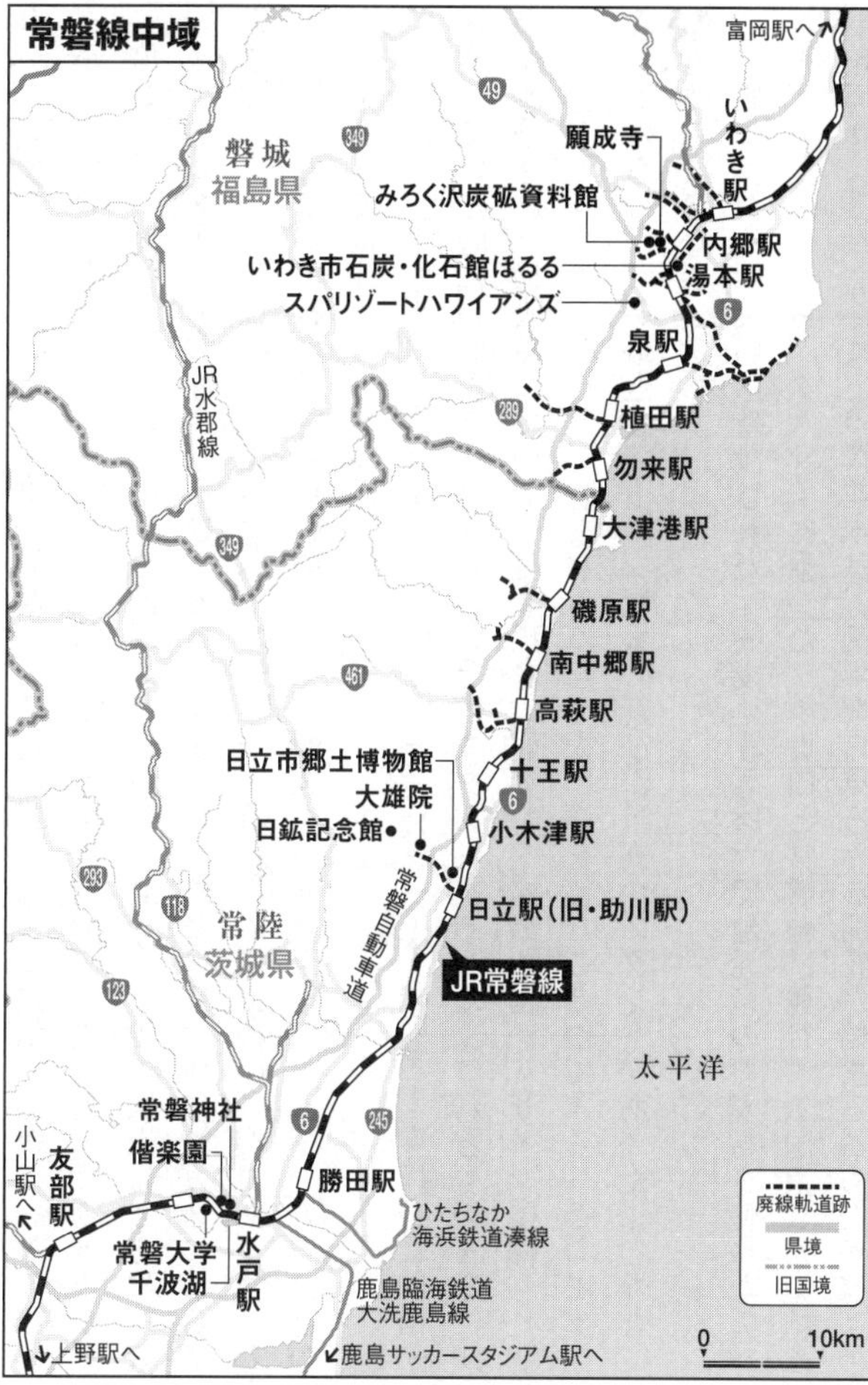
常磐線中域
富岡駅へ
いわき駅
願成寺
磐城
福島県
みろく沢炭砿資料館
内郷駅
いわき市石炭・化石館ほるる
湯本駅
スパリゾートハワイアンズ
泉駅
49
349
6
289
JR水郡線
植田駅
勿来駅
大津港駅
349
磯原駅
南中郷駅
461
高萩駅
日立市郷土博物館
十王駅
大雄院
日鉱記念館
小木津駅
常磐自動車道
日立駅（旧・助川駅）
293
118
常陸
茨城県
JR常磐線
123
太平洋
常磐神社
偕楽園
6
245
小山駅へ
友部駅
勝田駅
ひたちなか海浜鉄道湊線
常磐大学
千波湖
水戸駅
鹿島臨海鉄道大洗鹿島線
上野駅へ
鹿島サッカースタジアム駅へ
廃線軌道跡
県境
旧国境
0
10km

内が広くなる。11時26分、「ひたち7号」は定刻通り、日立に到着した。

かつて日立駅構内の側線には、日立鉱山で産出する銅や硫化鉄を運ぶ貨物列車が多く停まっていた。ホームから山側を仰げば、海抜三二五メートルの山上にさらに一五五メートルあまりの大煙突がそびえる風景が眺められたという。亜硫酸ガスによる煙害を防ぐべく、製錬所から出るすべての煙を一カ所に集めるための煙突であった。しかしいまでは、側線に貨物列車の姿はなく、煙突も一九九三年二月に三分の一ほどの高さを残して倒壊してしまった。

二〇〇六（平成十八）年に日立駅を訪れたときには、上下線のホームにまだ鉱山が操業していた時代の面影を残す立ち食いそばスタンドがあった。けれどもいまは、駅舎が改築され、撤去されている。日立出身の建築家、妹島《せじま》和世がデザイン監修した駅舎は全面ガラス張りとなり、居ながらにして太平洋を望むことができる。そのモダンな建築からは、つい最近までトタン屋根の錆《さ》びが目立つスタンドがあったことなど、想像すらできない。

山側に当たる中央口に新設された「蕎麦処《そばどころ》まち庵《あん》」で地元産の蕎麦粉を使った天ざるそばを食べてから、タクシーに乗った。中央口と常磐線に並行する国道6号を結ぶ平和通り（県道293号）の桜並木は、例年ならそろそろ開花が始まるころだが、この年はもう散り始めていた。

国道6号沿いにある日立市郷土博物館で、日立という名称について尋ねてみた。男性の学芸員は、茨城県特有のイントネーションを交えつつ、だいたい次のように語った。

> 一八八九年の町村制施行により、宮田村と滑川《なめかわ》村が合併して日立村ができました。はっきりとした文献はないのですが、古老の言い伝えとして、徳川光圀がこの近くの神峰山という山に登り、「朝日の立上る光景は秀霊にして偉大なること領内一」と言ったことから、「朝日の立上る」を略して日立と命名したようです。宮田の「宮」と滑川の「川」をとって宮川村にする案もありましたが、光圀すなわち水戸黄門の御威光の前では、誰も異を唱えることができなかったのでしょう。このあたりで水戸黄門と言えば、もう絶対の権威ですからね。赤沢銅山を日立鉱山に改称したり、日立製作所ができたりするのは、日立村が誕生したあとのことです。よく日立という自治体名は企業の名称からとったと言われるけど、逆です。挙母《ころも》市から改称された愛知県豊田市とは違うんですよ。

この説明を聞く限り、誰かが水戸黄門の権威を持ち出して、勝手に日立を名乗ったように見えなくもない。だがいずれにせよ、常陸国がなくなった明治になって、「ひたち」は日立として復活したことになる。

一八九七（明治三十）年に日本鉄道の駅として開業したときは、日立ではなく助川と称していた。当時の日立村（後に日立町）は鉱山のある内陸地域だけで、海に近い地域は高鈴村（後に助川町）だったからだ。

一九三九（昭和十四）年に日立町と助川町が合併して日立市が成立したのに合わせて、常磐線の助川が日立に改称された。鉱山や製作所の名称が、そのまま駅名となったわけだ。「ひたち」が常陸から日立へと変わったことで、「ときわ」から「じょうばん」へと変わった常磐同様、日本資本主義の発展を象徴する経済的な響きをもつようになったと言えようか。

次に訪れるべきは、日立の名を全国に知らしめたかつての鉱山の跡だろう。再びタクシーに乗り、日本鉱業（現・ＪＸ金属グループ）が鉱山の跡地を利用して一九八五（昭和六十）年に開館させた日鉱記念館を目指した。

行き先を告げると、運転手から「ＪＸの方ですか」と訊《き》かれた。違うと答えると、「いまは日鉱記念館よりも、その先にある御岩《おいわ》神社に行くお客さんのほうが多いですよ。パワースポットとして知られていて、宇宙船からも光って見えるらしいですからね」と言う。どうやら鉱山の歴史は、地元でも忘却されつつあるようだ。

　田中比呂之さんは運転手に、日立鉱山専用電気鉄道がどの辺を走っていたか尋ねている。この鉄道は、常磐線の助川と製錬所のある大雄院《だいおういん》の間を結んでいた。後に「鉱山王」の異名をとることになる実業家の久《く》原《はら》房之助（一八六九〜一九六五）が赤沢銅山を買収して日立鉱山と改名し、開発を始めてから三年後の一九〇八（明治四十一）年に早くも全線電化で開業したが、一九六〇（昭和三十五）年に廃止された。ちなみに日立鉱山が閉山したのは、一九八一年である。

　仲摩《なかま》照久編『日本地理風俗大系』第4巻（新光社、一九三一年）所収の「日立銅山と常磐炭田」には、助川から乗った日立鉱山専用電気鉄道の電車から見える車窓風景と、その先の風景が描かれている。

> 　これから電車で鉱山に向へば、助川の町、芝内の日立製作所、続いて電気製錬所、大雄院の役宅町等を右にして、崖の中途の切割道を大雄院の事務所に着く。そのうしろには大きな製錬所もあるが、（中略）更に四キロの山道を登れば、いよ〳〵本山の採鉱所につく。

日立製作所というのは、日立鉱山を経営する久原鉱業所（後の久原鉱業。現・ＪＸ金属グループ）の工作課から一九一一（明治四十四）年に独立し、さらに二〇（大正九）年には久原鉱業からも独立した株式会社のことだ。親会社を規模で上回り、世界でも有数の大手電機メーカーへと急成長していったのは周知の通りである。

電気鉄道の終着駅があった大雄院には、いまでもＪＸ金属日立事業所の事務所や工場があり、低くなったとはいえ大煙突を望むこともできる。閉山して四十年近く経つにもかかわらず、精錬所があった時代の空気が濃厚に漂っている。ここから先は道路の勾配《こうばい》がきつくなり、阿武隈山地が迫ってきたところで日鉱記念館に到着した。採鉱所の跡地を利用した広い敷地内には、本館のほか、第一竪坑《たてこう》、第十一竪坑、木造のコンプレッサー室を転用した鉱山資料館、創業者の久原房之助が住んでいた旧久原本邸などが点在している。入場は無料。しかしタクシーの運転手が話した通り、ほかに入場者は一組しかいなかった。

本館では、かつての鉱山町の活気を伝えるモノクロ映像を見ることができた。銅や硫化鉄のほか、無料で人員を輸送していた日立鉱山専用電気鉄道。東京の郊外にある団地と見まがうばかりの鉄筋コンクリートの社宅群。子供の数も増え、鉱山に近い日

日立駅からタクシーで20分ほどの場所にある日鉱記念館。JX金属グループの研修施設も併設されており、世界中から関係者が訪れるという。

立市立本山小学校の児童数は一九四四（昭和十九）年に二三四九人に達したという。

だが太平洋戦争の末期には、日立市は空と海の双方から米軍の標的になった。一九四五年六月十日、七月十九日の空襲と七月十七日の艦砲射撃で日立製作所や日立鉱山の工場が焼失するなど、壊滅的な被害を受けたのだ。確かに水戸市も同年八月二日未明の空襲で常磐神社や好文亭が焼失するなどの被害を受けたが、犠牲者の数は日立市の方がずっと多かった。

一九四六年十一月十八日から十九日にかけて、昭和天皇は十七年ぶりに茨城県内を回った。天皇がまず向かったのは水戸ではなく日立であった。東京駅から常磐線を走る御召列車に乗り、日立で下車して日立製作所海岸工場や日立鉱山事務所などを訪れている。日立鉱山事務所では、「事務所長福田重清より鉱山の概要についての奏上をお聞きになり、これに対して、一層鉱山の復興に努力し、経済と民生の安定に資するようにとの励ましの御言葉を賜う」と『昭和天皇実録』同年十一月十八日条にある。天皇は日立鉱山の復興が、敗戦国日本の再建のために不可欠であることを十分に認識していた。

敗戦の直前におびただしい犠牲者を出し、焦土と化したにもかかわらず、市民は天皇を熱狂的に迎えた。同行した侍従の入江相政《すけまさ》（一九〇五～八五）は、この日の日記に「日立駅ではブリツヂの上より民衆をお振りかへりになり万歳に応《こた》へさせられた。御発車の時には群衆は線路内になだれ入つて熱狂してお送り申上げた」と記している（『入江相政日記』第三巻、朝日文庫、一九九四年）。

次いで天皇は水戸市を訪れたが、焼失した常磐神社や好文亭には行かなかった。日本国憲法が公布されて半月後のこの時期になすべきは戦災からの復興状況を視察することであり、水戸学の遺構を再訪することではなかった。「ときわ」という政治的な響きは封印されたのだ。

日立鉱山の銅と並んで常磐線の貨物輸送の主力となったのが、常磐炭田の石炭である。

一九四四（昭和十九）年三月三十一日、磐城炭礦《たんこう》株式会社と入山採炭株式会社が合併して、常磐炭礦株式会社ができている。しかし常磐炭田という言い方は、福島県の石城《いわき》炭田および双葉炭田と茨城県の茨城炭田を合わせた名称として、明治後期から使われている。その名称が生まれた時期は、常磐線という名称が出てくる時期と、見事なまでに一致している。

日鉱記念館からタクシーで日立駅に戻り、15時2分発いわき行き普通電車に乗った。高萩《たかはぎ》からはかつての常磐炭田の地帯に入る。『日本鉄道旅行歴史地図帳』2号東北および3号関東（新潮社、二〇一〇年）に掲げられた地図からも明らかなように、高萩、南中郷《みなみなかごう》、磯原《いそはら》、大津《おおつ》港《こう》、勿来《なこそ》、植田、湯本、内郷《ないごう》の各駅からは、阿武隈山麓《さんろく》の鉱山に向かうさまざまな私鉄が、助川と大雄院を結んでいた日立鉱山専用電気鉄道同様、あたかも常磐線という大動脈から分かれた毛細血管のように延びていた。

高萩、関本〔大津港〕、勿来、湯本、綴《つづら》〔内郷〕と駅を数ふれば、炭坑気分は一駅毎《ごと》に濃厚になる。殆《ほとん》ど駅といふ駅からは、炭山にゆく引き込み線が岐《わか》れてゆく。駅の構内西側に沿うて、石炭積込装置を施したところも多く、牝牛《めうし》の乳吸ふ仔牛《こうし》のやうに、石炭溜《せきたんだまり》から吐く石炭を、山のやうに積んで、帝都に急ぐ炭車も見える。汽車が湯本を過ぎる頃には、山の斜面の竪坑の上には、大きな捲揚機械《エレヴェーター》も見えれば、会社の建物、坑夫の長屋等も見える。それらの間を運炭列車が右往左往に運転する。実に活々《いきいき》した眺である。（前掲「日立銅山と常磐炭田」）

　これは昭和初期の常磐線から眺めた車窓風景だが、まさに隔世の感がある。「炭山にゆく引き込み線」は現在、すべて廃止されている。各駅にはもはや、石炭を連想させる痕跡《こんせき》はほとんど残っていない。

　北上するにつれ、日立で散り始めていた桜が、しだいに満開になってくる。大津港―勿来間で茨城県から福島県に入ると、車窓から海岸線が遠ざかって山里に入り、ソメイヨシノやヤマザクラが見事な集落が次々に現れる。やはり、東北は関東よりも春の訪れが遅いのだ。

　15時51分着の湯本で降りる。一九六六（昭和四十一）年に五市四町五村が合併していわき市が誕生するまで、ここは常磐市の中心であった。もちろんこの常磐も「じょうばん」と読む。常磐炭田の中心地としての名称が、そのまま市の名称になったのである。

だがいみじくも湯本という駅名が示すように、ここには古くから温泉が湧《わ》いていた。平安時代には朝廷にも知られ、兵庫の有馬温泉、愛媛の道後温泉と並び、「日本三古湯」と呼ばれたこともある。しかし明治以降、石炭採掘が盛んになるとともに温泉の出が悪くなり、大正の中頃から二十年以上にわたって湯が涸《か》れてしまった。現在の温泉は、一九七六（昭和五十一）年に炭鉱の閉山に伴い、新しい源泉から配分するようになったものだ。

駅前からタクシーに乗り、いわき市内で発掘された化石や常磐炭田の歴史を展示する「いわき市石炭・化石館ほるる」へと向かった。ここは常磐炭礦の跡地に当たり、屋外には修復された第六坑人車坑の坑口が、線路やトロッコとともに保存されている。

一九四七（昭和二十二）年八月五日、昭和天皇は東北六県を視察するため、東京から御召列車に乗り、湯本で降りた。前年の十一月に続いて常磐線に御召列車が走ったわけだが、こんどは東北巡幸の第一歩として常磐炭田を目指したのだ。天皇は常磐炭礦株式会社磐城礦業所、第五坑人車坑坑口、第六坑坑夫集会所を訪れたあと、主要坑に当たる第六坑人車坑坑口からトロッコに乗り、背広服のまま地下四五〇メートルあまりへと下りていった。そして坑内を歩いて居並ぶ坑夫たちを激励したが、同行した入江相政によれば「皆甚しいズーズー弁で誓つて聖旨に答へ奉《たてまつ》る旨《むね》を奉答申上げ」たという（前掲『入江相政日記』第三巻）。

このあと天皇は、坑内の湯水を集めて排出する設備であるポンプ座へと向かった。

> ここは四十二度の熱風うずまく焦熱の職場でここにはポンプ係山口宏一さん他廿五名が、ズボンだけの上半身裸の姿で働いていた、お言葉を賜わる陛下の御顔から首筋には玉なす汗が流れていた、熱湯が滝のように天井からほとばしっている、陛下はその側を通られたのだが炭にまみれたほとんど全裸に近い姿で陛下の御前に立つたのは、御前相撲の関取の他ここの人たちが恐らく初めてだつたろう、陛下がポンプ座の通風門に差《さし》かかつた時「天皇陛下万歳」の声が狭い坑内に爆発した、陛下は帽子を高く差上げ歓呼に応えられながら再び人車の人となられた（『福島民報』一九四七年八月六日）

坑内で禁じられていた万歳の叫び声がこだました。天皇は地上に戻ると、「炭鉱は復興の基礎だから確《しつか》りやつてもらいたいね」（同）と話した。

ここには戦前に見られたような、白馬に乗り、アマテラスの子孫と仰がれた天皇の面影はみじんもない。「ときわ」ではなく「じょうばん」こそが、戦後の天皇の新たな姿と結びつくことになったのだ。その姿を、坑夫たちがいささかの抵抗もなく受け入れている。

昭和天皇が訪れた、常磐炭礦の第六坑人車坑坑口を修復したもの。近くには昭和天皇が詠んだ和歌の歌碑がある。

石炭・化石館ほるるの屋外には、修復された第六坑人車坑坑口のすぐ脇《わき》に、昭和天皇の御製が刻まれた記念碑が建っていた。

あつさつよき　磐城の里の　炭山に　はたらく人を　をゝしとぞ見し

第六坑を視察したときのことを詠《よ》んだ和歌である。昭和がまさに終わろうとする一九八八（昭和六十三）年四月に建てられたものだという。

常磐炭礦で最後の石炭採掘が終わったのが一九七六（昭和五十一）年。同社が炭鉱業自体から撤退したのが一九八五年。つまり昭和の終焉《しゅうえん》は、明治以来の炭鉱の時代の終わりとほぼ重なるのである。

駅前に戻ってから、温泉街を歩いてみた。丘の上にある八坂神社の桜が満開になっている。温泉神社の鳥居の脇からは、文字どおり温泉が湧き出ていて、うっすらと硫黄の匂《にお》いが漂っている。江戸の元禄年間創業の老舗《しにせ》「古滝屋」をはじめとする古い旅館が道沿いに点在し、火の見やぐらのある公衆浴場もある。

だが観光客らしき通行人の姿はない。東日本大震災の影響で客足は半分に減ったまま、なかなか回復しないという。

湯本18時5分着の特急「ひたち19号」に乗ってきた江木裕計さんが合流し、駅の近くの寿司屋《すしや》で夕食をとる。食べ終わると田中比呂之さんが去って行った。江木さん、後藤さんと私の三人は、再び駅前からタクシーに乗り、駅から四キロほど西方にあるスパリゾートハワイアンズを目指した。今夜はこのなかのホテルハワイアンズに泊まることになっている。

温泉街を抜けると人家も途絶え、辺りは漆黒の闇《やみ》に覆《おお》われる。一体この先に何があるのかと不安が増してくるころ、突然前方に不夜城のごとく光り輝く建物群が迫ってきた。温泉の地熱で育成されたというヤシの木が何本も生えている。まさしくハワイである。

スパリゾートハワイアンズの前身は、常磐ハワイアンセンターだ。エネルギー革命の進行に伴う石炭産業の斜陽化に危機感を抱いた常磐炭礦が、炭鉱以外の新規事業を立ち上げるべく、常磐湯本温泉観光という子会社を設立し、炭鉱で厄介者扱いされていた地下から湧き出る豊富な温泉水を利用して、炭鉱住宅があった広大な跡地に常夏のリゾート施設を建設し、一九六六（昭和四十一）年一月十五日に開業させた。

常磐とハワイが結び付くことで、「じょうばん」のイメージは大きく変わった。同年十月からは、常磐線、東海道本線、伊東線、伊豆急行線を経由して平―伊豆急下田間を結ぶ臨時急行「常磐伊豆」の運転が始まった。常磐は戦後の復興を支える炭鉱地帯から、伊豆と並ぶ首都圏のリゾート地へと変わりつつあったのである。常磐ハワイアンセンターの年間利用者もうなぎのぼりに増え、一九七〇年度には一五五万三千人に達した。

七〇年五月十八日、昭和天皇は全国植樹祭の開会式に出席するため、香淳皇后とともに再び福島県を訪れた。このときは東北本線と磐越西線を経由して猪苗代《いなわしろ》で降り、宿泊先の裏磐梯《うらばんだい》高原ホテルで知事の木村守江（一九〇〇～九六）から県政について報告を受けた。天皇は二十三年前に訪れた常磐炭鉱につき、木村に質問している。

木村知事は「常磐炭鉱は七月一日から〝常磐興産〟という新会社を設立し、採炭部門を別会社にする考えだと聞いています。常磐炭田は東京の消費地に近く、優位性を誇っていましたが、やはり時代の波や産業革命には勝てません。いまはハワイアン・センターをつくり、陛下がご視察のころ坑内に噴き出ていたお湯を利用し、熱帯植物やフラダンスで世間にアピールするレジャー産業をやっています。この企業転換は成功しているようです」とお答えすると「それはおもしろいことをやっているね」と目を細め、ニッコリお笑いになった。（『福島民報』一九七〇年五月十九日）

当時は全国的にも、炭鉱の閉山が相次いでいた。時代の変化に「じょうばん」が対応し、イメージを変えて生き残りを図ることは、かつて「炭鉱は復興の基礎だから確りやってもらいたい」と話した天皇自身にとっても、好ましく映っていたようだ。

スパリゾートハワイアンズは、湯本駅前の温泉街とは対照的ににぎわっていた。東日本大震災とその一カ月後に起こった福島県浜通り地震の影響で長期間の休業を余儀なくされたものの、二〇一三年度の年間利用者は一五〇万七千人と震災前を上回った。その好調の波がいまなお続いていることを実感させられた。

訪れてみてわかったのは、利用者や宿泊客の多くが常磐線ではなく、自家用車で来ていることである。湯本駅からは送迎バスで十五分かかるのに対して、一九八八年に開通した常磐自動車道のいわき湯本インターからだと三分しかかからない。駅前よりもロードサイドのほうが栄える地方の実態をまざまざと反映していた。

館内着に当たるアロハシャツやムームーを着用し、映画で有名になったフラガールのショーを楽しんだり、浮輪をもってプールに入ったりする家族連れの姿が目立った。大人三人が別々に泊まるシングルの部屋は、フロントから最も遠い棟にあった。ハワイの音楽が流れ、カウアイ島の写真や地図が並ぶ廊下を長々と歩かされる。炭鉱の時代をとどめる展示物はないかとあちこち探したが、ついに見当たらなかった。部屋にユニットバスがなかったため、また長い廊下を歩いて中央棟まで戻り、世界最大の広さを誇る露天風呂「大露天風呂　江戸情話与市」に入ってみた。湯本温泉から供給された湯を使っているという。

なぜハワイのなかに江戸があるのかは謎《なぞ》だが、ここでも子供を連れたお父さんの姿が目につく。湯気が立ちのぼるなか、散った桜の花びらが水面に漂っている。駅前の温泉街ほど硫黄の匂いはせず、まるで巨大な温水プールのような印象を受けた。

独房のようなシングルルームで一夜を明かした翌朝、湯本—いわき間にある内郷駅に近い「みろく沢炭砿資料館」にタクシーで行こうと考えた。ところがタクシーの運転手は、場所がわからないという。急いで携帯電話を取り出して連絡をとっていたが、日立よりも聞き取りづらい。入江相政の言う「甚しいズーズー弁」はまだまだ健在と感じたものだ。何度か道を曲がり、弥勒沢《みろくさわ》と呼ばれる沢沿いの細い道をゆるやかにのぼった果ての山麓に、目指す資料館はあった。

弥勒沢は、黒船が石炭で走ることを知った商人の片寄《かたよせ》平蔵（一八一三〜六〇）が安政二（一八五五）年に石炭の露頭を発見したところで、常磐炭田発祥の地とされている。

みろく沢炭砿資料館は、ここで働いていた渡辺為雄《ためお》が一九八九（平成元）年に開館させた個人の資料館だ。周囲は草木に覆われながらも、炭鉱があった時代の面影がまだ残っていた。

入場無料。誰もいないので勝手に館内に入る。数々の貴重な用具や資料が展示されている。常磐ハワイアンセンターが開業したときのポスターまであった。「世界一の温泉娯楽場誕生」という触れ込みのもと、レイを首にかけたビキニ姿の女性が大きく描かれている。ハワイ旅行がまだ高嶺《たかね》の花だった時代の空気がよく伝わってくる。

朝のひんやりとした空気が心地よい。みろく沢炭砿資料館から、白水阿弥陀堂《しらみずあみだどう》が国宝に指定されている真言宗の寺院、願成寺《がんじょうじ》まで、アップダウンのある苔《こけ》むす道を歩いてみた。炭鉱があった時代に石炭を運ぶために使われていた山道である。しかしいまは無人で、このあたりに出没するらしい野生のイノシシに襲われないかと心配になる。

白水阿弥陀堂で再びタクシーを呼ぶと、さっきと同じ運転手だった。内郷駅までの道沿いには、かつての炭鉱住宅と見られる平屋の住宅群が残っていた。運転手によるとだいぶ減ったらしいが、それでも二〇一七年二月に訪れた山口県宇部市の長生炭鉱跡に残る住宅群よりは多い。

炭鉱住宅の跡地を利用したのだろうか、真新しいプレファブの仮設住宅もあった。内郷白水応急仮設住宅という名称の災害公営住宅だという。ここでようやく東日本大震災と原発事故という、現在もなお進行中の福島県浜通りを襲った出来事に遭遇することになった。

一九七〇年代から八〇年代にかけて、常磐線の沿線では戦後の復興を支えた鉱山や炭鉱が相次いで閉山した。しかしそれ以前から、同じ常磐線の沿線に当たる茨城県の東海から福島県の双葉にかけての太平洋沿岸では、火力発電所や原子力発電所が次々に建設されていた。明治から平成にかけて、首都圏にエネルギーを絶えず供給する役割を果たしてきたのがこの沿線であったと言っても過言ではあるまい。

銅や石炭を常磐線の貨物列車で運んでいた時代から、火力発電所ないし原子力発電所の電気を送電線で運ぶ時代へ——こうした変化は、昭和天皇と現上皇の行幸や行啓の違いにもあらわれている。

昭和天皇が敗戦直後にいち早く日立鉱山や常磐炭田を訪れたのに対して、現上皇は皇太子時代に当たる一九五九（昭和三十四）年に茨城県東海村の日本原子力研究所東海研究所を、六一年に皇太子妃とともに福島県勿来市（現・いわき市）の常磐共同火力勿来発電所を、六九年に東海村の日本原子力発電東海発電所を、八六年に茨城県那珂町の日本原子力研究所那珂研究所を、そして天皇になってからは九九（平成十一）年に皇后とともに福島県広野町の東京電力広野火力発電所をそれぞれ視察している。

これらの発電所や研究所は、すべて常磐線の沿線にあり、現上皇もまた常磐線を利用している。ただし同じ沿線にある福島第一原発や福島第二原発を視察したことはなかった。

東日本大震災とそれに伴う原発事故により、常磐線は福島県内から宮城県内にかけて不通の状態が長く続いた。一番最後までつながらなかったのは福島第一原発に最も近い富岡—浪江間（二〇・八キロ）だったが、二〇二〇年三月にようやく全線復旧した。

常磐線の営業キロは三五〇キロ近くもあり、「〜本線」以外のＪＲ線では最も長い。旧国名で言えば常陸と磐城だけでなく、武蔵《むさし》、下総《しもうさ》、陸前にもまたがっている。これほど長い営業キロをもつ線が山線（ＪＲ函館本線の一部）、宇都宮線（ＪＲ東北本線の一部）、琵琶湖線・京都線・神戸線（ＪＲ東海道本線や山陽本線の一部）、嵯峨野《さがの》線（ＪＲ山陰本線の一部）、中央東線・中央西線（ＪＲ中央本線の塩尻以東と以西）といった愛称や俗称をもたず、一部区間が第三セクターに移管されることもなく統一的な名称で呼ばれている例はほかにない。

まだ常磐線の広野—原ノ町間と相馬—亘理《わたり》間が不通だった二〇一二年七月、私は津波で町内の線路が流されたままになっていた福島県新地町役場で、職員から「これが東京に近い我孫子《あびこ》だったら全然違ったでしょう」という言葉を聞いて思わずはっとしたことを、いまでもありありと覚えている。なぜJR東日本は首都圏にばかり予算をつぎ込み、東北の復旧を後回しにするのか。新地も我孫子も、同じ常磐線の沿線ではないか――こう言われたように思えたからだ。

震災で分断されたことで、かえって「じょうばん」の一体性が強く認識されたのである。一九〇一（明治三十四）年から〇二年にかけて書かれた『東洋の理想』（原文は英語）で、アジア諸国は互いに文化が違い、しかも相互に孤立しているにもかかわらず、「Asia is one（アジアは一つである）」と冒頭に宣言し、その五年後には常磐線の大津港駅に近い五浦《いづら》に土地と家屋を買って本拠地にした岡倉天心（一八六三～一九一三）を思い出さずにはいられなかった。

現上皇と現上皇后は、二〇一八年六月十日に福島県南相馬市で開かれる全国植樹祭に臨席するため、九日にいわき市に入ったが、九九（平成十一）年十月に常磐線の特急「スーパーひたち」でいわき市に入ったときとは異なり、東京から郡山まで東北新幹線を利用し、郡山からは磐越自動車道を経由したため、常磐線には乗らなかった。いわき市では常磐自動車道のいわき中央インターの近くにある県内最大規模の災害公営住宅を訪れ、被災者を励ましてから、スパリゾートハワイアンズでフラガールのシヨーを見学し、ホテルハワイアンズに宿泊した。

十日には全国植樹祭の会場を訪れるため、帰宅困難区域に当たる常磐自動車道を通った。広野料金所から南相馬市に向かう途中、福島第一原発から最も近い地点にさしかかると車が徐行した。雨で原発の建屋は見えなかったものの、現上皇と現上皇后はじっとその方向を見つめたという（『朝日新聞』二〇一八年六月十一日夕刊）。

退位まであと一年を切った天皇が、ついに常磐線最後の不通区間に位置する福島第一原発を視界にとらえたのである。そして「象徴天皇の務めが常に途切れることなく、安定的に続いていくことをひとえに念じ」（「象徴としてのお務めについての天皇陛下のおことば」、宮内庁ホームページ。傍点引用者）ながら、二〇一九年四月三十日、皇位を皇太子に譲ったのである。

「常に途切れることなく、安定的に続いていくこと」は、常に変わらない岩、ないしは永遠に変わらないさまを意味する常磐に通じる。敗戦を機にイデオロギーとしては無効になったはずの「ときわ」が、平成の終焉と常磐線の復旧とともに息を吹き返しつつあるような気がするのは、やはり考え過ぎだろうか。

三　軍隊が消えた街——旭川の光と影

敗戦直後、ＧＨＱにより陸海軍が解体され、憲法で戦争放棄が規定されたことは良いこととされてきた。もちろん、そのこと自体に異議をさしはさむつもりはない。

しかし、明治から敗戦まで全国各地に配置された陸軍の大部隊である師団の存在が、一九六〇年代までの炭鉱同様、地方都市の繁栄を維持していた面があることもまた確かだ。言い換えれば、戦後に師団が消えたことが、地方の衰退を招く一因となったのである。その典型を、一九〇一（明治三十四）年から四五（昭和二十）年まで、陸軍でも最大規模となる第七《しち》師団が置かれていた北海道旭川市に見いだすことができる。

北海道における札幌への一極集中が加速したのは、戦後しばらくたってからだ。戦前にまでさかのぼれば、政治行政の中心であった札幌のほか、港町で商業都市でもあった函館や小樽、そして「軍都」と呼ばれた旭川といった複数の都市がそれなりの人口を擁し、それぞれ独立した都市圏を形成していた。

戦前の旭川が、鉄道という「線」から言ってもいかに栄えた都市だったかは、鉄道省編纂《へんさん》『汽車時間表』一九三四（昭和九）年十二月号を見るとよくわかる。そこには、旭川市内を走る旭川市街軌道の運転状況が記されている。軌道は路面電車を意味する。

師団線　旭川駅前―七師団　14・1キロ　30分ヲ要シ6 00ヨリ**11 30**マデ5分毎《ごと》ニ運転
一条線　曙《あけぼの》―八条北都前　6・1キロ　14分ヲ要シ6 00ヨリ**11 30**マデ5分毎ニ運転
四条《よじょう》線　神楽通《かぐらどおり》―四条十七丁目　4・8キロ　12分ヲ要シ6 00ヨリ**11 30**マデ5分毎ニ運転
運賃　均一制　片道6銭　往復11銭

札幌にせよ旭川にせよ、北海道の市街地は碁盤の目のようになっていて、南北座標が「条」、東西座標が「丁目」で統一されている。つまり一条線は一条通を走る線を、四条線は四条通を走る線を意味する。細字の時刻は午前、太字の時刻は午後である。

旭川市街軌道は私鉄で、営業キロが二五キロに達する路線網を有し、三本の路線に電車を走らせていた。どの線も午前六時から午後十一時三十分まで五分おきに走っていたのだから、現在よりもよほど便利だったと言える。

　中でも師団線は最も長く、函館本線、宗谷本線、石北《せきほく》線（現・石北本線）、富良野線が乗り入れる旭川駅前から師団通（現・平和通買物公園および昭和通）を経由し、石狩川にかかる旭橋を渡って軍事施設が集まる第七師団の衛戍地《えいじゅち》に通じていた。

　実際には「七師団」という停留所はなく、広大な練兵場の周辺を巡回するようにして線路が敷かれ、その周辺だけでも十あまりの停留所があった。終点の停留所は六号（後に一線六号）と言い、衛戍地のはずれにあった。

　第七師団には練兵場のほか、師団司令部、歩兵第26連隊、歩兵第27連隊、歩兵第28連隊、騎兵捜索第7連隊（一九四〇年より捜索第7連隊）、野砲兵第7連隊（一九四〇年より山砲兵第7連隊）、輜重兵《しちょうへい》第7大隊、工兵第7大隊、陸軍病院などが置かれていた。将校たちの社交場である旭川偕行社《かいこうしゃ》も備わっていた。

　大正天皇（一八七九〜一九二六）は一九一一（明治四十四）年に、昭和天皇は二二（大正十一）年と三六（昭和十一）年に函館本線を走る御召列車に乗って旭川を訪れ、練兵場や第七師団司令部などを視察し、偕行社で宿泊している。

　旭川にはもう一つ、旭川電気軌道という私鉄もあり、市の中心部から東の郊外の東川村（現・東川町）に通じる東川線、東川線の旭川追分から分岐して東の郊外の東旭

偕行社
六号
工兵隊前
第七師団
旭川市街軌道師団線
招魂社前
名寄駅へ
北見駅へ
石北線
新旭川駅
石狩川
旭橋
旭川市
札幌駅へ
常磐公園
八条北都前
宗谷本線
牛朱別川
曙
神楽通
四条九丁目
函館本線
旭川市街軌道一条線
旭川市街軌道四条線
旭川電気軌道東旭川線
旭川電気軌道東川線
旭川駅
旭川追分
忠別川
富良野線
上川神社
富良野駅へ
0
1km

昭和初期の旭川

川村（現・旭川市）に通じる東旭川線という二つの線を有していた。旭川市街軌道が「市内電車」と呼ばれたのに対して、こちらは「郊外電車」と呼ばれた。

前掲『汽車時間表』によると、東川線の終点、東川まではほぼ一時間おき、東旭川線の東旭川四丁目まではほぼ三十分おき、終点の旭山公園まではほぼ一時間おきの運転で、双方を合わせた営業キロは二〇・七キロに達した。旭川市街軌道の営業キロと合わせると、四五・七キロになる。戦前の旭川は、北海道で随一の、そして全国でも有数の「路面電車王国」だったのである。

太平洋戦争末期の一九四四（昭和十九）年四月に第七師団司令部は帯広に移ったが、敗戦後には陸海軍の解体に伴い、師団そのものが廃止された。

代わって米軍約五千人が旭川に進駐し、偕行社も将校クラブとして使われた。しかし一九五二（昭和二十七）年四月の独立回復後も米軍が引き続き旭川に駐留することはなかった。

旧第七師団の練兵場は駐屯地となって警察予備隊第二管区隊、次いで保安隊第二管区隊が置かれ、五四年七月の自衛隊発足後には陸上自衛隊第二管区隊が駐屯した。さらに六二年一月には第二管区隊が第二師団と改称されたが、旧第七師団の衛戍地（約一八五万坪）と比べると敷地面積は約五分の一（約三六万坪）となり、偕行社は使われなくなって荒廃するなど、「軍都」と呼ばれた時代の面影はとうに失われていた。

自衛隊発足の翌月に当たる一九五四年八月、昭和天皇は香淳皇后とともに再び旭川を訪れた。このとき、沿道では陸上自衛隊の隊員四千人が整列し、捧《ささ》げ銃《つつ》の礼式で奉迎したが、天皇は旧練兵場や旧偕行社を再訪しなかった。これ以降も現上皇を含めて、天皇が旭川を訪れることはあっても、駐屯地内に足を踏み入れたことはない。

第七師団が消えた影響は軌道にも及んだ。旭川市街軌道の師団線は近文《ちかぶみ》線と改称されたが、一条線、四条線が四八（昭和二十三）年に廃止されたのに続いて、五六年六月に廃止されたからだ。

第七師団は、対ソ戦を想定して北辺の守りを担《にな》う重要師団であり、市民は畏《い》敬《けい》の念を込めて「北鎮《ほくちん》部隊」と呼んでいた。ところが自衛隊は、第七師団と同じ場所にあり、似たような役割を担ったにもかかわらず、イメージは全く違っていた。

旭川駐屯地を訪れた経営評論家の佐藤正忠《せいちゅう》は、こう述べている。

〔自衛隊員は〕一粒の米でさえ大事にしているのに、我々は「自衛隊は税金で食っているのだ」とか、「税金泥棒である」とか無責任にいつているが、国費を濫用《らんよう》して、汚職を起こすような代議士の方がよほど税金泥棒といわなくてはなるまい。若い隊員達がこの様にしてまで、気兼ねをしながら、生活をしているのだと思うと、ちよつとかあいそうになつて来る。（「陸上自衛隊」、『日本縦断５０００キロ　民族のバックボーンをたずねて』、知性社、一九五八年所収）

憲法で戦争放棄が定められたことで、日本には軍隊が存在しないことになった。自衛隊が「税金泥棒」と呼ばれ、隊員たちが肩身の狭い思いをしているのは、いったい自衛隊が何のために存在しているのか、一般市民の間でもよくわかっていなかったからだ。

旭川市街軌道近文線が廃止されたことで、旭川駅と駐屯地を結ぶ「線」がなくなり、自衛隊は市の中心部から隔離されたようになってしまった。旭川の一駅手前に当たる函館本線の近文から分岐して練兵場に通じていた同線の引込線も、五〇（昭和二十五）年には練兵場の跡地の手前までに短縮され、駐屯地とはつながらなくなった。

ちなみに同じ北海道の駐屯地でも、札幌の陸上自衛隊真《ま》駒内《こまない》駐屯地は全く違っていた。真駒内駐屯地は六五（昭和四十）年から二〇〇五（平成十七）年まで、毎年二月に催される「さっぽろ雪まつり」の会場として開放されたほか、七一年十二月に開通した札幌市営地下鉄南北線には、最寄り駅となる自衛隊前駅が開業した。七二年一月三十一日には、雪まつりの雪像群を見学するため、皇太子（現上皇）夫妻が真駒内駐屯地を訪れている。札幌市民にとって、自衛隊はなじみ深い存在になってゆくのだ。

七三年一月には旭川電気軌道東川線と東旭川線も廃止され、旭川は路面電車のない都市になった。同じ北海道でも、路面電車を残した札幌や函館とは対照的である。

旭川において厳然と存在しているにもかかわらず、存在していないがごとく隔離させられたのは、戦後の陸上自衛隊だけではない。明治から昭和にかけてのアイヌもそうだった。

北海道の原住民であるアイヌは、長らく「旧土人」と呼ばれてきた。一八九九（明治三十二）年に制定された北海道旧土人保護法の第一条ではアイヌに無償で土地を給与することが定められたが、それ以前から旭川のある上川地方では給与予定地が近文に設定された。上川アイヌは和人と呼ばれた入植者によって近文に集められ、「旧土人部落」と呼ばれるようになったのだ。

しかしここが第七師団の建設予定地に近かったことから、師団の建設を請け負った大倉財閥の創始者、大倉喜八郎（一八三七～一九二八）が、地価の高騰《こうとう》を当て込み、さらに道北の天塩《てしお》地方にアイヌを隔離させようと画策する。この画策は失敗に終わるものの、アイヌへの土地の給与は昭和初期まで保留され続けた（『新旭川市史』第三巻通史三、旭川市、二〇〇六年）。

一九三二（昭和七）年の「旭川案内図」（『旭川案内』、旭川市、一九三二年に所収。99頁《ページ》）を見ると、旭川駅、練兵場、第七師団司令部、旭川偕行社や路面電車の路線網、竣工《しゅんこう》したばかりの旭橋などに加えて、近文と練兵場を結ぶ引込線沿いに「旧土人部落」が記されている。当時ここは、旭川の有名な観光スポットになっていた。旭川が「軍都」として発展していった時代は、アイヌが和人に征服され、第七師団に近い近文に集住させられ、和人による好奇の視線にさらされた時代でもあったのだ。

こうした歴史が忘却され、第七師団も「旧土人部落」も路面電車もなくなった現在、旭川は依然として北海道第二の都市でありながら、札幌とは対照的に人口が減り続け、大きく水をあけられている。なぜそうなってしまったのか。「線」の消えた町に「線」があった時代の痕跡《こんせき》を探りたいと思った。

二〇一八（平成三十）年七月二十四日午前十時、羽田空港で後藤結美さん、新潮選書編集長（当時）の中島輝尚さんと落ち合った。本書の趣旨から言えば新幹線や在来線を乗り継いで行くべきだろうが、旭川まで一時間四十分で行ける飛行機の魅力には

旭川市
春光台公園
12
中原悌二郎記念旭川市彫刻美術館
あさでん春光整備工場
国立病院機構
旭川医療センター
名寄駅へ
陸上自衛隊
旭川駐屯地
川村カ子《ネ》トアイヌ
記念館
北鎮記念館
北海道護国神社
花咲スポーツ公園
北海道
教育大学
旭川校
北見駅へ
JR石北本線
40
39
旭川川端
郵便局
石狩川
新旭川駅
旭橋
旭川市
札幌駅へ
常磐公園
12
牛朱別川
旭川東高
237
JR宗谷本線
平和通
買物公園
JR函館本線
旭川四条駅
旭川駅
忠別川
JR富良野線
上川神社
旭川東光四条郵便局
神楽岡公園
0
1km
富良野駅へ

やはり抗しがたい。小学校の夏休みに入ったばかりのせいか、機内には子供を連れた夫婦の姿が目についた。

正午過ぎに旭川空港に着く。よく晴れている。気温は二十五度くらいで湿度も東京ほど高くはない。猛暑の東京と比べるとだいぶ涼しく感じる。

空港で醤油味《しょうゆあじ》の旭川ラーメンを食べてから、タクシーで旭川駅前のホテルに移動する。道がずっとまっすぐなのがいかにも北海道らしい。交差点の名称はすべて「○○Ｘ条Ｙ丁目」で、ＸとＹには数字が入る。車に乗っているだけでも、旭川が明治以降に開発された「殖民都市」であるのがよくわかる。

ホテルでレンタカーを借りる。中島さんが運転し、まず旭川市の西のはずれにある景勝地、神居古潭へと向かう。「カムイコタン」と読み、アイヌ語で神の住む場所、すなわち聖地を意味する。

カーナビに導かれ、国道12号をひたすら西に向かう。市街地を抜けると、石狩川の深い谷沿いを進んでゆく。山が川の両岸にまで迫っている。並行するＪＲ函館本線はトンネルを通っていて、視界には入らない。

まだ飛行機も鉄道もなかった時代、最も重要な交通路は川だった。中でもアイヌ語の「イ・シカラ・ペツ」（非常に曲がりくねった川）に由来する石狩川は、アイヌの人々

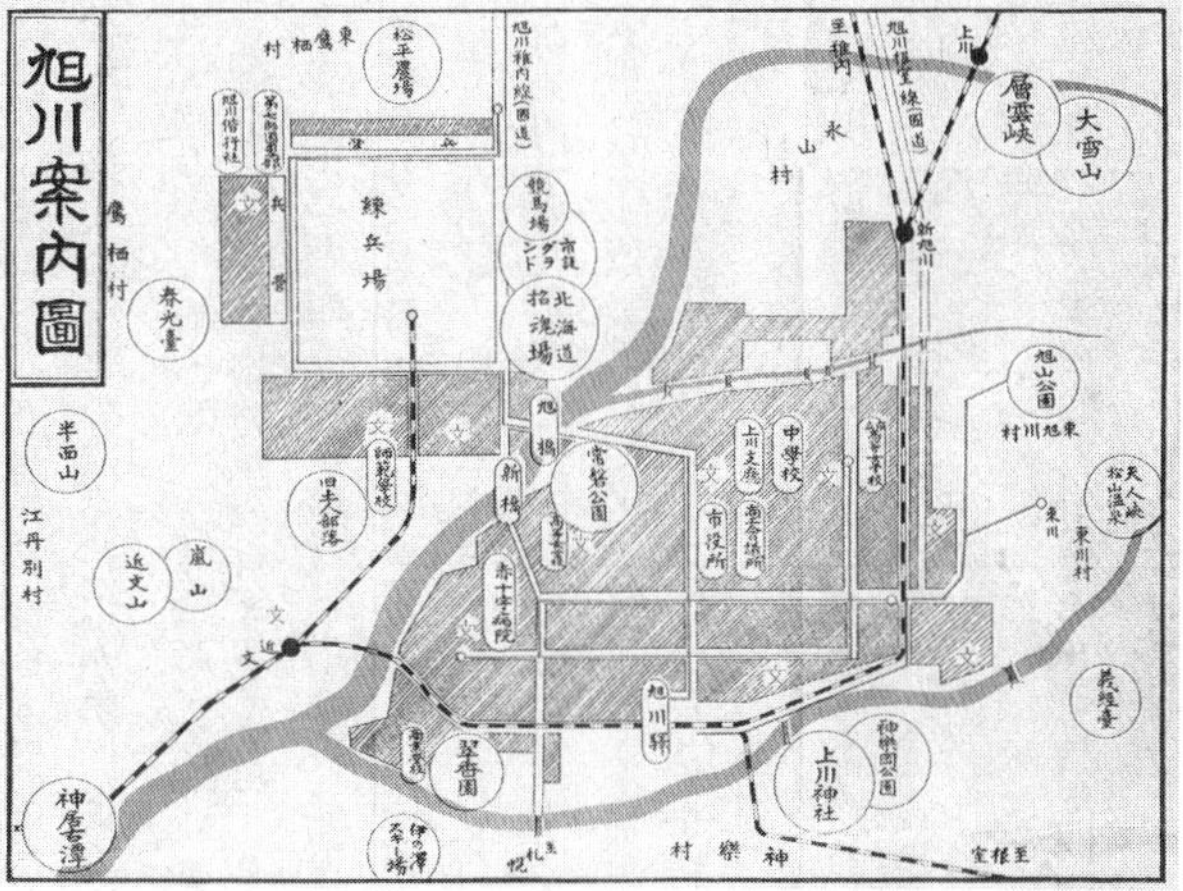

「旭川案内図」『旭川案内』（発行：旭川市）より。

にとって「母なる川」と言うべき恵みをもたらしたと思われる。ところが急に流れが速くなり、たびたび事故が起きる難所があった。アイヌの人々は、いつしかそれを神のしわざとして恐れ、難所を「カムイコタン」と呼ぶようになったという。

　明治になり、初代道庁長官となる岩村通俊《みちとし》（一八四〇〜一九〇五）の命を受けて上川地方の調査にあたった高畑利《たかばたけとし》宜《よし》（一八四一〜一九二二）も、神居古潭では陸に舟を引き揚げなければならなかった。石狩湾に近い札幌に比べて旭川の開発が遅れたのは、ひとえにこの天然の難所が人々の往来を妨げてきたからである。

神居古潭では、石狩川に白い木製の吊《つ》り橋がかかっていた。両岸に奇岩怪石が迫るなか、増水して幾分濁った川が勢いよく流れている。これをさかのぼるのは確かに難しいだろう。

橋を渡ると、駅の跡が見えてきた。その名も神居古潭駅とある。一八九八（明治三十一）年に函館本線の前身に当たる北海道官設鉄道が旭川まで開通したときには現在と異なり、石狩川に沿ったルートに線路が敷かれていた。神居古潭駅は簡易乗降場として一九〇一（明治三十四）年に開業し、〇三年五月十五日に駅に昇格。そして一一（明治四十四）年八月三十日には、三十二歳の誕生日を翌日に控えた皇太子嘉仁《よしひと》（後の大正天皇）が、御召列車で神居古潭を通過している。「殿下には最徐行を命ぜられ約五分間親しく御説明を聞召《きこしめ》され山光水色を御嘆賞あらせられ」（『北海タイムス』同年八月三十一日）たという。

深川―旭川間の複線電化による線路の移設に伴い、神居古潭駅が廃止されたのは、六九（昭和四十四）年十月であった。もとの線路は撤去されてサイクリングロードになっている。

一九八九（平成元）年に復元された旧駅舎が建っていた。ホームや駅名標があり、SLも三両保存されている。京都の保津峡《ほづきょう》や埼玉の長瀞《ながとろ》に匹敵する景勝地である。しかし誰もいない。飛行機の機内で見た家族連れは、いったいどこに行ってしまったのか。

鉄道が開通する前、神居古潭の難所を越えて上川地方に入ったのは、高畑利宜だけではなかった。一八八五（明治十八）年には岩村通俊が、二代長官となる永山武四郎《たけしろう》（一八三七～一九〇四）らとともに標高二二三メートルの近文山に登り、後に旭川の市街地となる上川盆地を見渡した。

> 近文山に上り、展望したが、東西約四里、南北七里、数多《あまた》の高岳が半空に聳《そび》え、諸川がその間を貫き、景色は京都に甚だ似ており、他日北都となるであろう。（「上川離宮」、読売新聞北海道支社編『現代に残る北海道の百年』、読売新聞社、一九七五年所収）

岩村は、京都に似た地形から、上川が東京や京都（西京）と並ぶ北の都、すなわち「北京《ほっきょう》」になることを確信した。そして東京への帰途、「奠北京於北海道上川議」（北京を北海道上川に奠《さだ》むるの議）を内閣に送ったのである。一八八九（明治二十二）年十一月には、永山武四郎もまた内大臣兼首相の三条実美《さねとみ》（一八三七～九一）に「北海道石狩国上川郡ニ北京ヲ設定セラレ度《タク》ノ件」を上申している（前掲『新旭川市史』第二巻通史二）。

近文山は神居古潭からも遠くはない。岩村や永山が山頂に立った翌年には、岩村自身が碑文を草した「国見の碑」が建てられた。上川地方で最も古い石碑だという。古代の天皇さながらの「国見」というからには、さぞかし素晴らしい眺めが望めるのだろう。そう期待して、レンタカーで行ってみることにした。

地図を見ると、近文山は嵐山《あらしやま》という、京都の嵐山にちなんだ山の近くにある。嵐山の山頂近くまでは道が通じている。カーナビを頼りに進んでゆくと、その名の通り本家の嵐山のような風景が現れた。川の流れが山から盆地へ向かうか、盆地から山へ向かうかという違いはあるにせよ、ここでは石狩川が山と盆地の境界に当たる京都の嵐山を流れる保津川のような景観を形作っている。もし函館本線の旧線を、保津川沿いに走る旧山陰本線に当たる嵯峨野観光鉄道のような形で生かしていたら、神居古潭にも観光客が集まったかもしれない。

標高二五三メートルの嵐山展望台からは、旭川市街や石狩川がよく見渡せた。だが、ここは近文山ではない。近くの国見峠で車を止めておき、尾根伝いに山道を歩いて行った。

六〇〇メートルほど進んだところで山頂に達し、「国見の碑」が現れた。しかし嵐山展望台ほど整備されていない上、碑文は古すぎて解読できず、周囲は木々に覆《おお》われて眺望が全くきかない。じっと立っていると、東京ではあまり見かけないアカアリが靴に群がってくる。あわてて山道を戻ることにした。

近文山にある「国見の碑」。碑文は解読できず、木々に覆われて眺望も悪い。

上川地方を「北京」とする構想は、法制局によってあっさりと否定される。その理由を一言で言えば、まだ都市すらできておらず、都としての実質が伴っていないということにあった。京都と比較すること自体がおこがましいというわけである。期待に反して近文山が観光地として整備されていないのも、このことと関係があるだろう。「北京」構想に代わって浮上したのが、上川離宮の構想であった。東京、京都に並ぶ都をつくるのではなく、天皇が滞在する離宮をつくることに計画が縮小されたのだ。この計画は政府によって認められ、一八九〇（明治二十三）年には旭川村が開村している。

上川離宮は、現在、上川神社が建っている神楽岡《かぐらおか》につくられるはずであった。神楽岡は、旭川駅の南側にあり、石狩川の支流である忠別《ちゅうべつ》川と富良野線の線路にはさまれた小高い丘を指す。明治政府は、神が歌い舞ったというアイヌの伝説が残るこの丘を、神居古潭に匹敵する、天皇という新たな神を迎えるための聖地にしようとしたのである。

レンタカーで旭川の市街地を横断し、上川神社に向かった。

上川神社は一八九三（明治二十六）年に創建され、一九二四（大正十三）年に神楽岡に遷座《せんざ》した。だが実際に行ってみると、もっと真新しく見える。写真で見ただけだが、台湾神社や朝鮮神宮のような植民地に建てられた神社に似ていると思った。祭神はアマテラスやオオナムチ（オオクニヌシ）などの神々のほか、岩村通俊や永山武四郎らもまつられている。ここでも観光客らしき姿は全くなかった。

本殿に通じる第二鳥居の脇《わき》に、「史跡上川離宮予定地」と書かれた角柱が立っていた。つまり離宮が建てられるはずのところに、大正末期になって神社が移ってきたことになる。

上川離宮構想は、旭川が札幌を上回る町へと発展することを恐れた札幌側の強い反対があって挫折《ざせつ》したと言われている。一九〇一（明治三十四）年に札幌から旭川に移設された第七師団は、挫折した離宮の代わりに整備された面もあるのだ。先に触れた通り、一一年には皇太子嘉仁が、二二年には皇太子裕仁《ひろひと》（後の昭和天皇）が、そして三六年には昭和天皇が第七師団の偕行社に宿泊している。偕行社が事実上の上川離宮になるのである。

ただし皇太子嘉仁は、神楽岡も訪れている。

> 神楽岡は予《かね》て離宮地に確定せられ明治廿三《にじゅうさん》年六月工施されたる以来廿有一《にじゅうゆういち》年旭川町民は御造営の隆運に際会せん事を希望し措《お》く能《あた》はざる所今回皇太子殿下の行

啓あらせられ親しく台覧仰《おお》せ出《いだ》さるゝや旭川町並に町民は離宮御造営の機運千万歩を進めたるものとして神楽岡中最も眺望よき個所に廿一坪五合の御休憩所を新築したり（『北海タイムス』一九一一年九月二日）

このときはまだ、上川神社は建てられていなかった。それどころか、旭川町民はまだ神楽岡に離宮が造営されるものと信じ、皇太子のためにわざわざ休憩所を新築したのだ。

皇太子嘉仁は、「離宮地に付種々御下問あらせられ附近の風光を御展望」（同）したという。つまり神楽岡で「国見」をしたのである。しかし現在、上川神社の周囲は森林に覆われており、近文山と同じく眺望がきかない。上川神社に隣接する神楽岡公園にも行ってみたが、さほど景色は変わらなかった。

皇太子裕仁は、神楽岡を訪れていないし、上川離宮についても質問していない。もうこのときには、離宮構想は完全に消えていたからだろう。昭和初期に開業する旭川電気軌道と旭川市街軌道も、神楽岡は通っていない。

まだ空は明るいが、時計の針はすでに午後六時を回っている。レンタカーをホテルに戻し、旭川駅北口の繁華街を歩いてみる。旭川市街軌道が通っていた師団通は、平和通買物公園という名の歩行者専用道路になっている。

　北海道の国鉄全線に乗るため、初めて旭川を訪れた一九七八（昭和五十三）年八月の記憶がよみがえる。当時は高校一年生だったが、まるで池袋を思わせる巨大な西武百貨店に度肝を抜かれ、さすがは北海道第二の都市と感じ入ったものだ。しかし二〇一六年九月に閉店してしまい、現在はさら地になっている。駅前の一等地にぽっかりと空き地ができていること自体、旭川の現在を象徴しているように思われた。

　後藤さんのお薦めで、「成吉思汗《ジンギスカン》　大黒屋」に行ってみる。ここだけ店の外に人が群がっている。旭川でナンバー1のジンギスカン専門店らしい。店の外にまで勢いよく煙が吹き出している。すぐには入れず、道を隔てて反対側にある待合室に案内される。まるで病院のようだ。しばし待っていると、店員からお呼びがかかり、店内に通される。

　ジンギスカンには、焼いた肉にタレを付けて食べる「札幌式」と、タレに漬け込んだ肉を焼いて食べる「滝川式」がある。旭川は札幌よりも滝川に近いのでてっきり滝川式かと思ったら、予想に反して札幌式であった。

　ジンギスカンは大好物だ。北海道を訪れたときにはほぼ決まって食べている。その私が誓って言うが、この店の生ラムはこれまでに食べたことがないほど柔らかくおいしかった。後藤さんの選択眼に感心させられる。

食べ終わると、もう八時を過ぎていた。どの通りにも必ずタクシーが停まっていて、一昔前の東京のタクシーのように、ドアを開けて待っている。その数が尋常でない。電車は廃止され、バスも少ないからタクシーで帰る客が多いのだろうか。駅前から五分おきに路面電車が出ていた八十年あまり前の光景を想像せずにはいられなかった。

泊まったホテルの最上階には、忠別川の上流にある天人峡《てんにんきょう》温泉から引いた温泉の大浴場があった。翌朝、入ってみると、旭川駅や忠別川を隔てて神楽岡がよく見えた。開発が進む市街地のなかで、そこだけが一面の森に覆われている。たとえ離宮はなくても、聖地としての雰囲気は十分に感じられた。

朝食を済ませて駅の北口に向かう。久しぶりに見た旭川駅は、高架駅に生まれ変わっていた。ここでも客待ちのタクシーばかりが目につく。反対にバス乗り場は閑散としている。

前回途中まで同行した田中比呂之さんから、一九二二（大正十一）年の石北線開通とともに宗谷本線と石北線の分岐駅として開業した新旭川駅を見るとよいと言われていたので、切符を買って7時52分発の宗谷本線下り普通列車比布《ぴっぷ》行きに乗る。二両編成の列車は、高校生でほぼ座席が埋まっていた。新旭川は二駅目なので、たった七分で着いてしまう。降りたのは私だけだった。

旭川駅とは対照的な古い駅舎は、開業当時から建て替えられていない。駅名に反して「旧」のままなのだ。駅舎の左半分に当たる部分が欠けているため、非対称のいびつな形をしている。いまでも立派な木造駅舎だが、もし左半分があれば、もっと立派に見えたに違いない。

新旭川駅は、かつての第七師団に最も近い。駅前からは、新師団道路と呼ばれた広い道がまっすぐに延びている。駅舎が立派なのも、このことと関係がありそうだ。しかし現在は無人駅となっており、自動券売機すらない。

8時15分発の普通列車で旭川に戻る。車内は通勤客で混雑していた。旭川に着くと、隣のホームに8時30分発の札幌行き特急「カムイ12号」が停まっていて、ビジネス客で席が埋まっていた。だがその愛称名に反して、車窓から神居古潭を眺めることはできない。

函館本線の札幌—旭川間の特急は、終日ほぼ三十分おきに運転されている。旭川を発着する列車のなかではずば抜けて多い。要するに札幌一極集中を反映したダイヤになっているのだ。

北口のバス乗り場に、一カ所だけ家族連れの長い列ができていた。不思議に思って見ると、旭山動物園に行くバスの乗り場だった。九時半の開園に合わせて行くらしい。もし旭川電気軌道東旭川線があったら、終点の旭山公園で下車すればよかったはずだ。いまや旭山動物園は、旭川を代表する観光スポットになっている。だが動物園があるのは、旧東旭川村に当たる東の郊外である。動物園に匹敵する観光スポットが旧市内にはないことを、まざまざと実感させられる。

ホテルに戻り、後藤さん、中島さんと合流し、またレンタカーを借りる。まず北口からまっすぐ延びる昭和通を行く。本来ならば旭川市街軌道師団線が通っていた旧師団通を行くべきところだが、前述のように歩行者専用道路になっていて通れないため、すぐ近くで並行する昭和通を行くしかない。

間もなく、旭川常盤《ときわ》ロータリーと呼ばれる六差路のロータリーが現れる。中央は広場になっていて、高さ三五メートルのシンボルタワーが建っている。こうしたロータリーは、日本の都市ではきわめて珍しい。一九三六（昭和十一）年の竣工というから、しばらくは路面電車もここを走っていたことになる。路面電車が中心部の広場を周回していた「満洲《まんしゅう》国」の大連や新京（現・長春）とよく似た風景が見られたに違いない。

ロータリーを過ぎるとようやく旧師団通に入り、石狩川にかかる旭橋を渡る。三二

（昭和七）年に竣工した鋼《はがね》のアーチ橋がいまも使われている。季節によって、また一日でも時間帯によって、橋の表情はさまざまに変化する。たとえ師団や路面電車が消えても、このあたりには旭川を象徴する風景が残っている。

かつての路面電車のルートに沿うようにして走ってゆくと、右手に北海道護国神社が、左手に旧練兵場に当たる陸上自衛隊旭川駐屯地に面した「北鎮記念館」が現れる。

護国神社は、北海道の靖国神社に当たる神社で、戦前からある。戦没した兵士を英霊としてまつる神社が、第七師団に隣接していたことになる。第七師団について詳しく知るためには、陸上自衛隊の広報施設で、「北鎮第七師団址地之碑」が敷地の裏手に建つ北鎮記念館を見学しなければならない。

入場無料。入口でガイドを付けるかどうか聞かれたので、付けてほしいと頼んだところ、すぐに自衛官のBさんが制服姿で現れた。七月に着任したばかりだという。一生懸命に覚えたのだろう。各コーナーの展示物を前に、棒暗記調の説明を繰り返す姿が初々《ういうい》しい。

「第七師団は『だいしちしだん』と読みます。師団の創設時に明治天皇が『だいしちしだん』とお読みになったことから、そのように読まれるようになったものであります。昭和十一年には、昭和天皇が旭川を行幸され、第七師団を視察されております」

思わず口をはさんだ。

「ここに展示されている年表には出ていないけど、明治四十四年には皇太子時代の大正天皇が、また大正十一年には皇太子時代の昭和天皇が旭川を訪れ、第七師団を視察しています。昭和十一年の視察は、昭和天皇にとっては二回目の視察だったはずです」

「へえ、そうだったんですか。全く知りませんでした。私よりもお詳しいですね。いい勉強になりました」

これではガイドにならないので、途中から自分たちで見ることにし、Bさんには帰ってもらった。

第七師団の衛戍地全体を俯瞰《ふかん》できる巨大な地図模型が目を引く。広大な練兵場は緑色に塗られており、池もある。その周辺を、旭川市街軌道師団線の線路が取り囲んでいる。練兵場に隣接して北西側に歩兵第26連隊、歩兵第27連隊、歩兵第28連隊の建物が並び、北側には偕行社がある。北東側には騎兵第7連隊（捜索第7連隊）、野砲兵第7連隊（山砲兵第7連隊）、輜重兵第7大隊、工兵第7大隊の建物が所狭しと並んでいる。さらにその外側には官舎も配置されている。

驚くべき密度の高さである。

皇太子や天皇は、偕行社で宿泊し、練兵場を必ず訪れた。皇太子嘉仁は歩兵第26連隊の大隊百三十七人の教練を見学し、皇太子裕仁は摂政として第七師団に属する各連隊や各大隊合わせて八千百三十一人の観兵式を行った（『北海タイムス』一九二一年九月一日および前掲『新旭川市史』第八巻史料三）。またどちらも、練兵場で行われた小学校の運動遊戯や運動競技を見学した（『大正天皇実録』一一年八月三十日条および『昭和天皇実録』二二年七月十五日条）。

もっとすごかったのは、一九三六（昭和十一）年九月二十六日に練兵場で行われた昭和天皇の親閲式である。

午後二時五十七分、行在所《あんざいしょ》（偕行社）を御出門、三時、御親閲場旭川練兵場に着御され、在郷軍人・学校生徒・青年団及び消防組総計約二万千名による分列式に臨まれ、女学校生徒・女子青年団総計約六千名による奉唱歌の奉唱を受けられる。（『昭和天皇実録』同日条）

おそらくこの日が、練兵場に集まった最多の人数を記録しただろう。しかも集まった総数である約二万七千人は、第七師団に属する連隊や大隊の兵士ではなかった。練兵場が巨大な広場となり、万単位の臣民と天皇が分列式や奉迎歌の斉唱を通して一つになる「君民一体」の政治空間へと変貌《へんぼう》しているのである。

だが、皇太子や天皇が第七師団を訪れたのは、この日が最後であった。五四（昭和二十九）年に旭川を訪れた天皇が、第七師団の後身である陸上自衛隊第二管区隊（現・第二師団）を訪れなかったのは前述の通りである。北鎮記念館には自衛隊のコーナーもあったが、第七師団のコーナーほど目立たず、戦後の皇太子や天皇がここを訪れたことがないという事実についても触れられていなかった。

レンタカーで駐屯地の周辺を回ってみると、「騎兵捜索第七聯隊《れんたい》跡」と記された石碑の背後に、往時の建物が一棟だけ残っていた。

レンガ造りの平屋建で、鉄板葺《てっぱんぶき》の屋根がかかっている。積雪時の軍馬訓練用に使われた「覆馬場《おおいばば》」という建物のようだ。現在は「あさでん春光整備工場」になっている。

「あさでん」は旭川電気軌道の略称である。旭川電気軌道は路面電車を廃止した後もバス事業を継続しており、バスの整備工場として覆馬場をそのまま利用しているのだ。

もう一つ残っていたのが旭川偕行社である。戦後使われなくなり、荒廃していた偕行社は、六八年に復元修理工事が行われ、市立旭川郷土博物館となった。九四年から

騎兵捜索第7聯隊跡。建物の一部は旭川電気軌道のバス整備工場として残っている。

は旭川ゆかりの彫刻家、中原悌二郎《ていじろう》（一八八八〜一九二一）の名を冠した「中原悌二郎記念旭川市彫刻美術館」となっている。木造二階建の洋風建築で、国の重要文化財の指定を受けている。

札幌の豊平館《ほうへいかん》や函館の旧函館区公会堂を訪れたときのことが思い出される。どちらも彫刻美術館同様、洋風建築で、国の重要文化財の指定を受けている。天皇や皇太子の宿泊所として使われた点も共通している。しかし豊平館や旧函館区公会堂には観光客の姿が少なくなかったのに対して、三百円（当時）の観覧料を払って入った彫刻美術館は閑古鳥が鳴いていた。一階にも二階にも女性の学芸員が座っていたが、特にやることもなく手持ち無沙汰《ぶさた》のようだった。

豊平館は中島公園のなかにあり、旧函館区公会堂も港を見下ろす坂の上にある。どちらも周辺が観光スポットになっていて、地下鉄の駅や路面電車の停留所がすぐ近くにある。だから外国人の観光客もきわめて多い。

一方、彫刻美術館はもともと軍事施設のため、第七師団がなくなると地理的に孤立してしまう。しかも旭川駅から離れたところにあることから、路面電車の代替手段となるべきバスの本数が少ないと、タクシーかレンタカーでしか行けなくなるのだ。

彫刻美術館の二階、正面玄関の真上に当たる部分はバルコニーになっている。一九三六（昭和十一）年九月二十六日午後五時十分、視察先の旭川師範学校（現・北海道教育大学旭川校）から偕行社に戻った昭和天皇は、「午後八時、旭川市主催による男女中小学校生徒児童・男女青年団及び一般市民団体総計約二万名の奉祝提灯《ちょうちん》行列を御覧」（『昭和天皇実録』同日条）になっている。その中には、アイヌの人々も含まれていたはずである。

おそらく天皇は、このバルコニーに立ちながら提灯行列を眺めたのだろう。闇夜《やみよ》のなかで浮かび上がる二万もの灯火。それは「軍都」旭川が最も輝いた瞬間でもあった。

全面戦争に向かおうとするこの時期、昭和天皇はどういう心境で一夜を過ごしたのだろうか。

周辺が公園や閑静な住宅地になってしまった現在、三六年九月二十六日の一夜を想像することは難しくなってしまった。歩兵第26、27、28連隊が並んでいたあたりもすっかり様変わりしていて、自衛隊の官舎とおぼしき集合住宅が建てられていた。旭川市街軌道の線路や停留所の跡も見当たらなかった。

前掲『汽車時間表』に掲載された宗谷本線下りのダイヤを見ると、旭川を午後10時45分に出た急行が終点の稚内港《わっかないみなと》（現・稚内）に翌朝の6時48分に着き、8時50分発の連絡船に接続する。この連絡船は、樺太《からふと》（現・サハリン）の大泊《おおどまり》（現・コルサコフ）港に午後4時50分に着く。現在とは異なり、北海道と樺太の間に時差はなかった。

宗谷本線という「線」から言っても、戦前の旭川がソ連とつながっていることは自明であった。隣国との戦争を想定して陸軍最大の師団が旭川に置かれていたことは、多くの市民にもわかっていたはずである。

しかし現在、第七師団と同じ場所に自衛隊があることの意味を、いったいどれだけの市民が理解しているだろうか。もちろんロシアが進攻してきた場合、国土防衛の最前線になるという役割自体は変わっていない。だが、少なくともいまの東アジア情勢のもとで、ロシアの軍事的脅威を叫ぶこと自体にそれほど現実性があるとは思えない。JR北海道は、二〇一六（平成二十八）年に「単独で維持することが難しい」十三線区の一つとして、宗谷本線のなかでも人口が稀薄《きはく》な名寄《なよろ》―稚内間を挙げている。もしこの区間が廃止されれば、かつて旭川と樺太を結んでいた鉄道の一部が消えることになる。

戦後の北海道は、一九八一（昭和五十六）年に開通したJR石勝《せきしょう》線や二〇一五（平成二十七）年に延伸した札幌市電のような例外を除き、路面電車を含めて地上の線路が一貫して減ってゆくプロセスをたどった。いまや旭川を訪れる観光客の大部分は飛行機を利用し、その多くは中心部ではなく、郊外の旭山動物園に向かう。旭川駅で目立つのは、函館本線の特急で札幌に向かうビジネス客である。戦前の旭川が北海道のなかで、ないしは隣国との関係のなかでもっていたプレゼンスは、もはや完全に失われてしまったのである。

近文駅と練兵場を結んでいた函館本線の引込線は、いまでは完全に撤去されていて、一部が遊歩道になっている。佐々木長左衛門編『北海道旭川市近文アイヌ部落概況』（佐々木豊栄堂、一九三二年）に掲げられた「旭川市近文アイヌ部落区画図」によると、引込線沿いに六十一戸のアイヌの家があり、三百六人が住んでいた。前掲「旭川案内図」に記された「旧土人部落」である。

区画図には、川上コヌサアイヌの家や川村イタキシロマの家も記されている。この二つの家は、観光客にアイヌ文化を見せるための施設になっていた。前者がひたすら伝統性を前面に出した施設だったのに対して、後者は近文アイヌの近代性を示したうえで、伝統文化を紹介するスタイルだったようだ（前掲『新旭川市史』第三巻通史三）。

月刊誌『旅』の一九三七年二月号には、前年の十二月二十日に行われた「近文アイヌの熊祭《くままつり》」、すなわちイヨマンテが紹介されている。

> この日は近文のアイヌ部落民は全部集合し、家々にある総《すべ》ての宝物を陳列し、ガマの葉で編んだ敷物（チタラベ）を敷き、イナウ（木の皮でつくつた冠）大刀（イコロ）花矢、団子を供へて檻《おり》から熊を引き出し、そしてシコロと云《い》ふ木の皮をむいた径三寸位の杭《くい》を立て、これに熊を繋《つな》ぎ、縄の長さを二間《けん》位にして、その範囲内で熊は自由に歩けるやうにして置く。二三十人のメノコ（アイヌの女）が熊の周囲に集り拍手に合せて踊り廻る。その踊り方は手をたたき身体《からだ》を前後に振つて、一人のメノコの音頭に合せて全員が節面白く唄《うた》つて踊るのである。

こうした文章が掲載されることで、エキゾチシズムがかきたてられた。近文は同じ北海道の白老《しらおい》や平取《びらとり》村（現・平取町）の二風谷《にぶたに》とともに、アイヌの集落として知られるようになり、旭川には観光客が集まるようになった。だが、見世物と化したアイヌの祭りを「亡《ほろ》びゆく原始の儀式」と表現しているように、そこには彼らに対する差別的なまなざしが付随していた。

すでに一九二二（大正十一）年の時点で、アイヌ女性の知里《ちり》幸恵《ゆきえ》（一九〇三～二二）は自分たちを「亡びゆくもの」とし、「僅《わず》かに残る私たち同族は、進みゆく世のさまにただ驚きの眼をみはるばかり」で、「激しい競争場裡《り》に敗残の醜をさらしている」と述べた（『アイヌ神謡集』、岩波文庫、二〇〇九年）。つまりアイヌ自身が、差別的なまなざしに十分対抗できなかったのだ。

前述のように、三六（昭和十一）年九月には昭和天皇が旭川を訪れ、「旧土人部落」と呼ばれたアイヌの集落にほど近い練兵場で親閲式を行っていた。天皇は全国各地を訪れるたびに親閲式を行い、「君民一体」の整然とした空間を視覚化した。それはアイヌを含む人々を一律に天皇の臣民とするための儀式であり、東京からもたらされた近代国家の儀式でもあった。アイヌの祭りは、この儀式とは対極にとらえられたことになる。

戦後もアイヌの人々は近文に住み続けたが、現在ここでアイヌの名が付いた観光施設は一つしかない。川村イタキシロマの家の跡地に建つ「川村カ子《ネ》トアイヌ記念館」だ。一九一六（大正五）年にイタキシロマが「アイヌ文化博物館」として開館させ、四四（昭和十九）年に息子のカ子トアイヌ（一八九三〜一九七七）が引き継いだ。カ子トアイヌ亡《な》き後は孫の川村兼一（川村シンリツ・エオリパック・アイヌ）が引き継いだが、兼一が二〇二一年に死去してからは兼一の妻で副館長の川村久恵が事実上の館長になっている。

彫刻美術館からレンタカーで再び駐屯地の脇を通り、アイヌ記念館を訪ねてみた。入館料五百円。本館のほか、アイヌの住まいである「チセ」と呼ばれる笹葺《ささぶき》の家が一棟保存されている。熊彫りなどの工芸品を売る店もある。

本館に入ると、別室から話し声が聞こえてきた。記念館が開催する体験講習プログラムに参加している人々の声のようだった。静寂が支配する彫刻美術館に比べると、賑《にぎ》わっているように感じる。ここでは、アイヌの伝統楽器「ムックル」の制作のほか、刺繍《ししゅう》、文様切り紙などの体験ができる。

展示パネルに記された「わが祖父、わが父、そして私」と題する川村兼一の文章のなかに、こんな一節を見つけた。

　祖父、父も「アイヌ」「記念館」をただの商売にしたのではありません。同族を守りたいという信念と、祖先の残したアイヌ文化を後世に伝えたいという思いがこめられています。

旭川が「軍都」として栄えたのは、明治から敗戦までのせいぜい数十年にすぎなかった。それ以前には、何世紀にもわたって築き上げてきたアイヌの豊かな文化があった。たとえ旭川から軍隊や路面電車が消えても、この地にもともと息づいていた文化は、そう簡単には消えない。おそらくこれからも、川村家の人々は先祖から受け継がれたアイヌの伝統文化を後世に伝えようという強い意志を持ち続けることだろう。

文化庁は二〇二〇年七月十二日、近文や二風谷と並ぶアイヌの観光地である白老に、従来の一般社団法人アイヌ民族博物館に代わり、「国立アイヌ民族博物館」を開館させた。初めての本格的なアイヌに関する国立の博物館である。すべて手作りでやっている旭川のアイヌ記念館とは比較にならないほどの大きな博物館ができたわけである。しかしアイヌの人々からすれば、それは勝者であり征服者である東京中心の国家がつくった博物館でしかないのではなかろうか。川村カ子トの名を冠する記念館は、どれほど小さくてもアイヌ自身によるものだ。

　思えば神居古潭も川村カ子トアイヌ記念館も、函館本線の旧線や引込線沿いにあった。もっと言えば、明治以降に帝都東京から延びてくる国有鉄道の沿線にあった。だがどちらの「線」も、戦後に撤去された。いささか象徴論的に言えば、明治以降に確立された国民国家にいったん包摂されながら、その軛《くびき》から解き放たれたのである。

　明治以降の国民国家の歴史が相対化され、アイヌゆかりの場所がかつてのエキゾチシズムとは違う形で注目されるようになれば、旭川は札幌に従属するだけの都市ではなくなる。そればかりか、東京という磁場からも解放される。もはや「軍都」に戻ることができない旭川の将来は、この視点を確立させられるか否《いな》かにかかっていると言っても過言ではあるまい。

四　古代・中世・近代が交錯するＪＲ阪和《はんわ》線

東京都の東西を貫き、東京と八王子市の高尾（一部は山梨県の大月）を結ぶＪＲ中央線（中央本線の通勤区間）は、沿線が近現代の天皇や皇后に関わっている。

東京駅の丸の内口は行幸《ぎょうこう》通りを介して皇居とつながっているし、高尾駅は大正天皇陵（多摩陵）、貞明《ていめい》皇后陵（多摩東陵）、昭和天皇陵（武蔵野《むさしの》陵）、香淳皇后陵（武蔵野東陵）がある武蔵陵墓地に近いからだ。実際に昭和期には、多摩陵や多摩東陵に参拝する昭和天皇と香淳皇后のため、中央線に御召列車（一九四七［昭和二十二］年十月以降はお召列車）がしばしば運転された。

東京と高尾だけではない。四ツ谷は迎賓館、すなわち昭和天皇が皇太子時代に住んでいた赤坂離宮に近く、信濃町は現上皇と現上皇后の住居である仙洞《せんとう》御所に近く、千駄ケ谷は大正、昭和天皇の葬儀が行われた新宿御苑に近い。また高円寺は大正天皇の后《きさき》、貞明皇后（一八八四～一九五一）が幼少期を過ごした大河原家に近く、武蔵小金井は現上皇が占領期に住んでいた東宮御仮寓所《ごかぐうしょ》に近い。さらに立川には昭和記念公園内に昭和天皇記念館も開設されている。総じて中央線の沿線には、近現代の天皇や皇后の遺影や面影が強く漂っている。

江戸時代に江戸と八王子を結んでいたのは、甲州街道であった。ところが中央線の前身に当たる甲武鉄道は、甲州街道よりも北側の、それまで何もなかった地帯に一直線に線路を敷いた。甲州街道沿いには、甲武鉄道よりもおくれて現在の京王線が開通している。

鉄道が開通する前の明治天皇の巡幸では甲州街道が使われたものの、大正天皇や貞明皇后の陵に参拝するために昭和天皇や香淳皇后が利用したのは中央線であり、京王線には乗らなかった。つまり明治以降に全く新しい「線」がつくられ、その「線」に沿うようにして昭和期の天皇や皇后の足跡が刻まれていったことになるわけだ。

一方、大阪府の南北を貫き、大阪市の天王寺と和歌山を結ぶＪＲ阪和《はんわ》線は、沿線が古代の天皇の行幸ルートに重なっている。

そもそも駅名からして、神武から持統（六四五～七〇二）までの各天皇の事績を記した『日本書紀』や、文武（六八三～七〇七）から桓武（七三七～八〇六）までの各天皇の事績を記した『続日本紀』、そして桓武から淳和《じゅんな》（七八六～八四〇）までの各天皇の事績を記した『日本後紀』に由来する場合が少なくない。百舌鳥《もず》、鳳《おおとり》（大鳥）、熊取《くまとり》、日根野《ひねの》。みなそうである。

三国ケ丘から上野芝にかけては、宮内庁が仁徳天皇陵と履中《りちゅう》天皇陵としている二つの前方後円墳のすぐ東側を通る。また終点の和歌山に近く、「和歌」の由来にもなった和歌浦には、奈良時代から平安時代にかけて、聖武（七〇一〜五六）、称徳（七一八〜七〇）、桓武という三人の天皇が次々に訪れている。

それだけではない。熊野《くまの》街道のルートと重なる阪和線の沿線には、平安時代から鎌倉時代にかけて、上皇や法皇となった後白河（一一二七〜九二）や後鳥羽（一一八〇〜一二三九）らが熊野詣《もうで》のためにしばしば宿泊したり休憩したりした史跡も点在している。ちなみに後白河は三十四回、後鳥羽は二十八回にわたり熊野御幸《ごこう》を行っている。

大阪と和歌山を結ぶ街道としては、海に近い紀州街道ないし孝子越《きょうしごえ》街道と、内陸を経由する熊野街道があった。このうち明治になって鉄道が敷かれたのは、江戸時代に紀州徳川家が参勤交代に利用するなど主要街道として栄えた紀州街道と、紀州街道から分岐するにもかかわらず紀州街道と呼ばれることもある孝子越街道沿いの方であった。

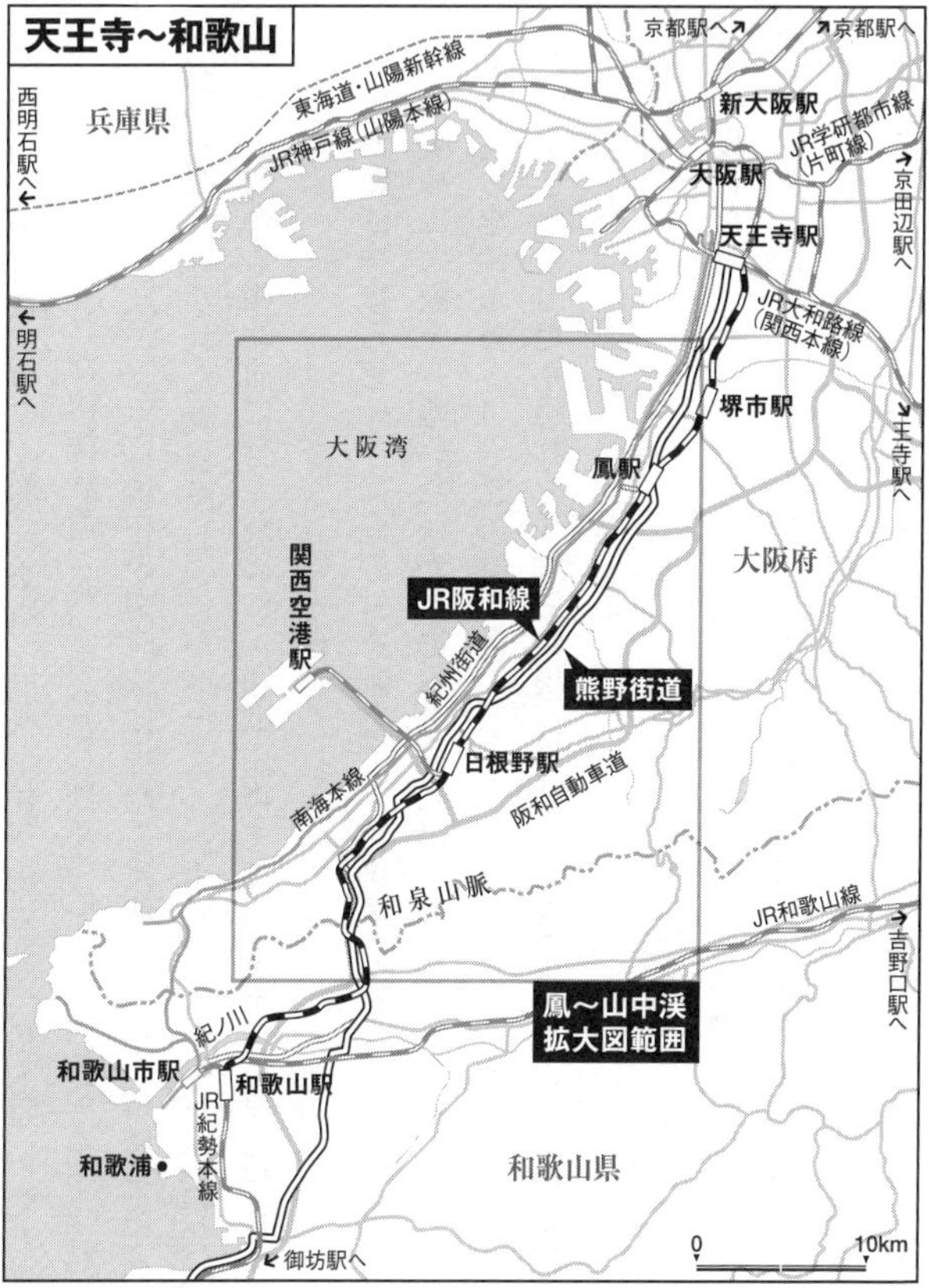
天王寺～和歌山
京都駅へ
京都駅へ
東海道・山陽新幹線
新大阪駅
JR学研都市線（片町線）
兵庫県
西明石駅へ
JR神戸線（山陽本線）
大阪駅
京田辺駅へ
天王寺駅
JR大和路線（関西本線）
明石駅へ
堺市駅
王寺駅へ
大阪湾
鳳駅
大阪府
関西空港駅
JR阪和線
紀州街道
熊野街道
日根野駅
阪和自動車道
南海本線
和泉山脈
JR和歌山線
吉野口駅へ
鳳～山中渓拡大図範囲
紀ノ川
和歌山市駅
和歌山駅
JR紀勢本線
和歌浦
和歌山県
0
10km
御坊駅へ

関西の大手私鉄（南海、阪神、京阪、阪急、近鉄）のうち、最も早い一八九五（明治二十八）年に設立された南海鉄道（現・南海電気鉄道）は、紀州街道と孝子越街道に沿うようにして、一九〇三年に現在の南海線に当たる難波《なんば》―和歌山市間を全通させた。大正初期に書かれた夏目漱石（一八六七〜一九一六）の小説『行人』には、主人公の一行が大阪から和歌山市まで南海鉄道に乗る場面がある。

> 母と嫂《あによめ》は物珍らしそうに窓の外を眺めて、田舎めいた景色を賞し合った。実際窓外の眺めは大阪を今離れたばかりの自分達には一つの変化であった。ことに汽車が海岸近くを走るときは、松の緑と海の藍《あい》とで、煙に疲れた眼に爽《さわや》かな青色を射返した。木《こ》蔭《かげ》から出たり隠れたりする屋《や》根瓦《ねがわら》の積み方も東京地方のものには珍らしかった。（『行人』、新潮文庫、一九七〇年）

「煙に疲れた眼」というのは、産業革命が進みつつあった当時の大阪の大気汚染を意味している。だが、海沿いを行く南海の車窓風景は、大阪を離れたばかりとは思えないほど、天然の色彩に満ちていたようだ。

昭和になると、大阪と和歌山を結ぶもう一つの鉄道が開業する。ＪＲ阪和線の前身に当たる阪和電気鉄道である。

まず二九（昭和四）年七月に阪和天王寺（現・天王寺）―和泉《いずみ》府中間が開通し、三〇年に阪和東和歌山（現・和歌山）まで全通した。阪和が南海に対して挑戦状をつきつける形になったわけだが、当時の新聞は「南海は日本地方鉄道のピカ一、経歴から経営状態、マイル数からいつても貫禄《かんろく》十分な横綱、阪和はこれから土俵に上る力量の判《わか》らぬ新入」（『大阪朝日新聞』大阪版、二九年六月二十日）などと書き立てた。

「新入」が「横綱」に勝つため、阪和電気鉄道はスピードアップに力を入れた。三三年十二月のダイヤ改正とともに登場したノンストップの超特急は、阪和天王寺―阪和東和歌山間を四十五分で結び、平均時速は八〇キロを超えた。

これほど速い列車は、当時の日本のどこにも走っていなかった。現在の阪和線紀州路快速は、堺市、三国ケ丘、鳳、和泉府中、東岸和田、熊取に停まり、熊取―和歌山間が各駅停車になるため、天王寺―和歌山間でほぼ七十分あまりかかる。この区間をノンストップで走り、紀勢本線に乗り入れる特急「くろしお」でも四十分あまりを要していることを踏まえると、いかに速かったかがわかる。

見方を変えれば、堺、大津（現・泉大津）、岸和田、貝塚、佐野（現・泉佐野）といった市や町の中心部を貫く南海とは異なり、戦前の阪和の沿線には目ぼしい町がなく、あえて停まる必要がなかったということでもある。しかし熊野街道に沿っていたことから、古代や中世の天皇や上皇、法皇が通行するルートに重なっていたのだ。

東京の中央線がそれまで何もなかったところに近現代の天皇の行幸ルートを新たに作り出したとすれば、大阪の阪和線は百舌鳥や日根野などの駅名とともに、古代の天皇の行幸ルートや、上皇や法皇の熊野詣のルートを「線」として可視化したと言えようか。

さらに阪和線は、近代の天皇制とも関係している。戦前に天理教から分派し、昭和天皇の神格を否定して二度にわたって弾圧された「ほんみち」という教団の泉南支部が、沿線の和泉砂川にあるからだ。本部は南海沿線の羽衣（阪和線支線の東羽衣）にあるが、泉南支部の規模は本部をはるかに上回る。信者数は三十万人あまりと、天理教とは比較にならないものの、泉南支部には天理教にもない巨大な神拝殿が建っていて、阪和線の車窓からも眺められる。

一九四七（昭和二十二）年六月七日には、昭和天皇が戦後巡幸の一環として、東岸和田から東和歌山（現・和歌山）まで、四四（昭和十九）年に国有化された阪和線に乗っている。阪和線に御召列車が運転されたのは、これが初めてであった。同行した侍従の入江相政は、「午后三時三十分東岸和田駅から四輛聯結《りょうれんけつ》の電車にお召しになる。

非常によく風が入ってい、気持である。途中の景色も実に美しい。四時二十五分東和歌山駅御著車」（『入江相政日記』第三巻、朝日文庫、一九九四年）と記している。

かつて天皇や上皇や法皇が通った熊野街道沿いのルートを、御召列車は一時間近くかけてゆっくりと走ったことになる。だが雄《お》ノ山《やま》峠を越え、紀ノ川の鉄橋を渡るや天皇の眼に見えてきたのは、四五年七月九日の空襲でシンボルの和歌山城が焼失するなど、焦土と化した和歌山市街だったはずだ。

東京の西部で育った私は、中央線にはなじみがあっても、阪和線には数えるほどしか乗ったことがない。古代や中世の天皇制や熊野信仰と、近現代の天皇制や新興宗教とが交錯する阪和線の沿線を、いくつかの駅で途中下車しながら訪ねてみたいと思った。

二〇一八（平成三十）年十月四日11時30分、江木裕計さん、後藤結美さんらとともに、ＪＲ新大阪駅から関西空港行きの特急「はるか21号」に乗った。この特急は京都を出て新大阪、天王寺を経由し、天王寺から日根野までは阪和線を走る。そして日根野で阪和線から分かれて関西空港線に入り、人工島につくられた関西空港まで行く。

京都から日根野までのルートは、延暦二十三（八〇四）年の桓武天皇の和泉・紀伊巡幸のルートや、後白河上皇（法皇）や後鳥羽上皇らの熊野御幸のルートとも重なる。だが「はるか21号」は、空港利用客のための特急であり、天王寺を出ると終点まで停まらない。せっかく阪和線に入ってくれるのに、たった十五分乗るだけで次の天王寺で降りざるを得ないのだ。

ただ鉄道好きとしては、この間の経路に関心があった。新大阪から西九条までは梅田貨物線、西九条で桜島線、西九条から天王寺までは大阪環状線の線路に入り、天王寺では関西本線のホームに入るからだ。阪和線の線路に入るのは、天王寺を出てからになる。

難波―関西空港間に特急を走らせている南海に対抗して、京都や新大阪から直接関西空港に行けるようにするため、一般の列車が走らない貨物線を走ったり、戸籍が別々の線路にいくつも乗り入れたりしているのである。

JR天王寺駅は阪和線の起点であり、大阪環状線と関西本線の駅でもある。ホームは1番線から18番線まで（10番線はない）あるが、このうち9番線までを阪和線のホームが占める。

これらのホームは、大阪環状線や関西本線のホームに当たる11番線から18番線までよりも高いところにあり、阪急の大阪梅田や南海の難波などと同様、ホームが櫛形《くしがた》をした頭端式《とうたんしき》のターミナルとして独立している。こういうＪＲの駅は大変に珍しい。私鉄が国鉄になり、ＪＲになってもまだ、私鉄時代の面影が残っているのだ。

　私が初めて天王寺から阪和線に乗ったのは、小学生最後の春休み、すなわち七五（昭和五十）年三月末のことだった。ターミナルの端に位置する1番線から、紀《き》勢《せい》本線回り名古屋ゆきのディーゼル急行「紀州5号」に乗った。このときは小学校の卒業旅行として、親戚《しんせき》の住む津まで紀伊半島を回った。

　二度目に乗ったのは中学二年だった七七（昭和五十二）年三月。今度は逆に下りの急行「紀州2号」で天王寺に着いた。ちょうど夕方のラッシュ時で、ターミナルは通勤客でごった返していた。そのなかで、湯気がもうもうと上がる露天の立ち食いうどん店に客たちが並び、ホームで立ったまま堂々ときつねうどんを食べていた光景が、忘れられない記憶として残っている。

　当時の阪和線には、特急や急行のほか、新快速、快速、区間快速、普通と、阪和線内はノンストップの夜行普通「南紀」が走っていた。関東にはなかった新快速や区間快速を含め、種別が多様だった。これらすべての列車が、天王寺のターミナルから発車した。だから1番線から9番線までは終日にぎわっていた。ところが現在は、特急「はるか」ばかりか、特急「くろしお」も新大阪や京都を起点としているため、ターミナルから発車することはない。

阪和線の紀州路快速や関西空港行きの関空快速は確かに天王寺を起点としているが、それは大阪環状線ホームの天王寺である。天王寺から大阪までは内回りで鶴橋、京橋など各駅に停まり、大阪からは快速となってもう一度天王寺に戻ってくる。つまり大阪環状線を一周するわけだ。天王寺では特急「はるか」や特急「くろしお」同様、関西本線のホームに入り、天王寺を過ぎてからようやく阪和線に合流する。

現在、天王寺の頭端式ホームを発着するのは、阪和線の普通と区間快速、快速だけになっている。このうち快速は、朝と夕方以降しかない。私鉄顔負けの堂々としたターミナルが、宝の持ち腐れになっているのである。

案の定、天王寺で降りて一段高いターミナルに向かうと、ホームは閑散としていた。普通鳳ゆきが停まっている。四両編成で、車両はロングシートではなく進行方向に二人が並んで座る席が配置された、首都圏ならば運賃以外の料金を必要とする通勤ライナー型の車両である。それでもまだ空席がある。まさに今昔の感に堪えない思いがした。

もちろん露天のうどん店もなくなっていたが、代わりにスタンドの立ち食いうどん店「麺家」があった。ＪＲ西日本の系列会社のチェーン店のようだ。海老《えび》の天ぷらが二つのった券売機の写真につられ、店内の椅子《いす》に座って海老天うどんを食べる。いつもながら昆布の出しが効いた汁を飲んでいると、関西に来たという実感が湧《わ》いてくる。関西本線のホームに戻り、和歌山行きの紀州路快速と関西空港ゆきの関空快速が合体した電車に乗って三駅目の鳳まで行く。その途中、百舌鳥を通過する。平仮名よりも漢字の字数の方が多い駅は、全国でもここだけだ。

なぜ鳥の名前が地名になっているのか。『日本書紀』巻第十一の仁徳天皇六十七年十月丁酉《ひのととり》条に、天皇が陵を築いた場所として次のような記述がある。

　是《こ》の日に、鹿《か》有りて、忽《たちまち》に野の中より起《おこ》りて、走りて役《え》民《たみ》の中に入《い》りて仆《たふ》れ死ぬ。時に其《そ》の忽に死ぬることを異《あやし》びて、其の痍《きず》を探《もと》む。即《すなは》ち百舌鳥、耳より出《い》でて飛び去りぬ。因《よ》りて耳の中を視《み》るに、悉《ことごとく》に咋《く》ひ割《か》き剝《は》げり。故《かれ》、其の処《ところ》を号《なず》けて、百《も》舌《ず》鳥《の》耳原《みみはら》と曰《い》ふは、其れ是の縁《ことのもと》なり。（『日本書紀』二、岩波文庫、一九九四年）

陵の工事をしていた役人に向かって鹿《しか》が突進しようとしたときに百舌鳥が鹿の耳に入り、食いさいたために鹿は倒れ、役人は助かった。百舌鳥は耳から飛び去っていった。ここから百舌鳥耳原という地名が生まれたというのだ。

ただし仁徳四十三年九月庚子《かのえね》条に「是の日に、百舌鳥野に幸《いでま》して遊猟《かり》したまふ」（同）という記述があることから、百舌鳥という地名自体はもっと前からあったと見ることもできる。

ちなみに、三国ケ丘—百舌鳥間で見える仁徳天皇陵は百舌鳥野陵、百舌鳥—上野芝間で見える履中天皇陵は百舌鳥耳原陵と呼ばれている。仁徳は十六代、履中は十七代ということになっているが、実際にはどちらも架空の天皇である可能性が高く、歴史の教科書でも仁徳天皇陵は大仙陵古墳、履中天皇陵は上石津《かみいしづ》ミサンザイ古墳と書かれている。

鳳は堺市西区の中心駅である。

もともとは大鳥と称した。『続日本紀』の霊亀《れいき》二（七一六）年四月甲子《きのえね》条には、大鳥郡が和泉郡、日根郡とともに河内国から和泉監《いずみのげん》（後の和泉国）に編入されたという記述があり、『日本後紀』の延暦二十三（八〇四）年十月丙午《ひのえうま》条には、桓武天皇が「和泉国に至りて、大鳥郡の恵美原《えみはら》に遊猟す」（黒板伸夫《のぶお》、森田悌《てい》編『日本後紀』、集英社、二〇〇三年）とある。恵美原がどこかはわかっていないが、桓武がこのあたりで狩猟をしたことだけは間違いないようだ。

鳳～山中渓
大阪湾
大鳥大社
天王寺駅へ
鳳駅
阪神高速4号湾岸線
南海本線
和泉府中駅
泉井上神社
和泉国総社
JR阪和線
熊野街道
大阪府
関西空港駅
JR関西空港線
紀州街道
熊取駅
中家住宅
日根野駅
長滝駅
阪和自動車道
信達宿
和泉砂川駅
日根神社
茅渟宮跡
「ほんみち」泉南支部
馬目王子社
山中渓駅
和泉山脈
和歌山県
和歌山駅へ
0
5km

駅のすぐ北側に、和泉国一之宮の大鳥大社がある。伊勢国で死去した景行《けいこう》天皇の皇《み》子《こ》、ヤマトタケル（日本武尊）の霊が白鳥となり、最後に舞い降りた神域に当たるという。大鳥の「鳥」は白鳥を意味しているわけだ。そうだとすれば、鳳という駅名の起源はヤマトタケルの伝説にまでさかのぼることになる。

駅から大鳥大社につながる熊野街道の両側には、「御《ご》神燈《しんとう》」と書かれた提灯《ちょうちん》がずらりと並び、電柱には紅白のシートが巻かれている。そのわけは、境内に入ってみてわかった。近々、神社の周辺で「鳳だんじり祭り」が行われるのだ。だんじりといえば岸和田が有名だが、この時期には旧和泉国一帯でだんじりが開催されるらしい。雨が降っていたせいか広い境内に参拝者の姿はなく、法被《はっぴ》姿の若い男性たちが威勢のいい声を上げながら祭りの会場の準備を進めていた。

駅に戻り、日根野行きの区間快速に乗る。といっても、鳳から先は「区間外」となり、各駅に停まるので普通電車と変わらない。四駅目の和泉府中で降りる。

府中というのは古代に国府が置かれたことに由来し、国の神社の祭神を集めてまつった総社がある。東京なら京王線の府中駅に近い大國魂《おおくにたま》神社もそうだ。和泉府中にあるのは泉井上《いずみいのうえ》神社で、同じ境内に和泉国総社が鎮座している。泉井上神社というのは湧き出る泉の上に祭られた神社という意味で、和泉という国名の由来にもなったと言われている。

シャッターの目立つアーケードの駅前商店街を抜けて府道を渡ったところに泉井上神社があった。周辺は住宅地で、かつて国府があったとは思えないほど静まりかえっている。ただ神社に通じる道の両側の電柱はやはり紅白のシートに覆《おお》われていて、ここも近々開催される「和泉だんじり大連合」の曳行《えいこう》コースになっているのがわかる。

国府だけではない。天皇が行幸の際に滞在する離宮もあった。『続日本紀』では和泉宮ないし珍努《ちぬの》（智努）宮と記されている。養老元（七一七）年二月に元正《げんしょう》天皇（六八〇～七四八）が「難波より和泉宮に至りたまふ」（『新日本古典文学大系13　続日本紀二』、岩波書店、一九九〇年）と同書にあるのが初めての行幸であった。これ以降、元正、聖武の二代にわたり、離宮として使われている。

しかし泉井上神社の境内に、国府や離宮の跡は残っていなかった。『日本書紀』に記された神功《じんぐう》皇后の三韓征伐の際に一夜にして湧き出たという泉「和泉清水」を見ることもできなかった。早々に引き上げ、和泉府中からまた日根野行きの区間快速に乗る。昭和天皇が四七（昭和二十二）年六月七日に御召列車に乗った東岸和田の手前で、線路が高架になった。

見晴らしがよくなるものの、大阪湾を望むことはできない。よく見ると、ブルーシートに屋根が覆われた住宅が目立つ。九月四日に上陸し、関西地方に甚大《じんだい》な被害をもたらした台風21号の爪痕《つめあと》がまだ残っているのだ。

熊取で降りる。泉南郡熊取町の中心駅だ。『日本後紀』延暦《えんりゃく》二十三（八〇四）年十月乙卯《きのとう》条に、桓武天皇が「熊取野に遊猟す」とあるのがこの地名の初出と見られる。

タクシーで五分ほど行ったところに重要文化財に指定された中家《なかけ》住宅がある。後白河法皇が熊野御幸の時に立ち寄り、行宮《あんぐう》（仮設の御所）とした旧家である。桓武の和泉・紀伊巡幸ルートと後白河の熊野御幸ルートは、ここ熊取で重なっているのだ。

中家住宅もまた台風21号の被害を受けていた。屋根や塀の一部が損壊してブルーシートに覆われ、内部に立ち入ることはできなかった。現在残っているのは江戸初期に建てられた豪農の家で、行宮そのものではないものの、外から見るだけでも古くからこの地域の有力者の家として栄えた様子がうかがえた。

熊取の次の駅が日根野である。

すべての特急が停まるこの駅で、関空快速は紀州路快速から分かれて大阪湾に浮かぶ関西空港へと向かう。車両基地があり、区間快速の終点でもある。泉佐野市日根野に属する。

日根野という地名は、『日本書紀』巻第十三の允恭《いんぎょう》天皇八年に「屢《しばしば》日根野に遊猟したまふ」（前掲『日本書紀』二）とあるのが初出と見られる。『日本後紀』によると、延暦二十三年十月の桓武天皇の和泉・紀伊巡幸では、往路復路ともに日根行宮に滞在し、庚戌《かのえいぬ》条には「日根野に猟す」（前掲『日本後紀』）とある。また辛亥《かのとい》条には、桓武天皇の言葉が掲げられている。

今行宮所《かりみやどころ》を御覧《みそなわ》すに、山野《やま》も麗《うるわ》しく、海瀲《なぎさ》も清くして、御意《みこころ》もおだいにして御坐坐《おおましま》す。故是《かれここ》を以《も》て御坐坐せる和泉国、幷《なら》びに摂津国東生《ひがしなり》・西成二郡《にしなりふたこおり》の百姓《おおみたから》に、今年の田租免《たぢからゆる》し賜《たま》い、又勤《いそし》み仕え奉《まつ》る国・郡司、及《また》一・二の人等に、冠位《こうぶりくらい》上げ賜い治め賜う。（中略）又行宮の辺《ほとり》に近き高年《としたか》く八《や》十已上《そじあまりよりうえ》幷びに陪従人等に、大物《おおみもの》賜わくと詔《の》りたまう勅命《おおみこと》を、衆《もろもろ》聞き食えと宣《の》りたまう。（同）

桓武は、日根行宮から見た風景を気に入ったようだ。そのせいか、和泉国や摂津国の百姓の税を免除し、国司や郡司の官位を授け上げるとともに、行宮の近隣に住む八十歳以上の高齢者や従者に物を贈っている。

だが、日根行宮がどこにあったのかはわかっていない。神武天皇が熊野から大和に入る途中に神を祭ったという伝承が残る日根神社にタクシーで行ってみたが、「山野も麗しく、海瀲も清くして」という風景を望むことはできなかった。平野部の開発が進んだ上、古代に比べると大阪湾が埋め立てられ、海が遠ざかってしまったのだ。

「屢日根野に遊猟」した允恭天皇が建てたとされるのが茅渟宮である。茅渟宮は「ちぬのみや」と読み、前述の珍努宮（智努宮）と同じ読み方になるが、珍努宮とは別の宮だったようだ。ちなみに『広辞苑』第七版（岩波書店、二〇一八年）では、茅渟とは「和泉国にあたる地域の古称。いまの大阪府南部」という説明がなされている。

　仁徳天皇の第四皇子で、履中天皇の同母弟に当たる允恭天皇も、現在では仁徳や履中同様、実在しなかった可能性が高いとされている。それでも『日本書紀』には、允恭天皇九年二月、同年八月、同年十月、十年正月、十一年三月としばしば天皇が茅渟宮を訪れたことが記されている（前掲『日本書紀』二）。

　なぜかというと、允恭天皇は皇后の妹、衣通姫《そとおりひめ》をひそかに愛していたが、皇后の嫉《しっ》妬《と》を避けるため、都（遠飛鳥宮《とおつあすかのみや》）から遠く離れた茅渟宮に衣通姫を移させ、遊猟と称して通い続けたからだった。衣通姫というのは読んで字のごとく、肌の色が衣を通して照り輝くほど美しい女性だったという。

　この伝説に基づく茅渟宮跡が日根神社に近い泉佐野市上之《かみの》郷《ごう》にあるので、タクシーで向かおうとすると、運転手は行ったことがないという。スマホをカーナビ代わりにして道案内をする。車一台がやっと通れる狭い道を幾度か曲がり、住宅地が尽きて荒れ地が現れたあたりに、公民館と児童公園があった。公園の入口に「茅渟宮舊蹟《きゅうせき》」と書かれた石碑が建っていることから、ここだとわかった。

住宅街の中にひっそりと佇む茅渟宮跡。奥には「衣通姫之墓」がある。

公園の奥には、「衣通姫之墓」があった。墓碑には、万葉仮名で書かれた衣通姫の和歌が刻まれていた。

　とこしへに　君も会へやも　いさな取り　海の浜藻の　寄る時々を

すっかり安心して、いつも変わらずにあなたにお会いできるのではございません。海の浜藻の、波のまにまに岸辺に近寄り漂うように、稀《まれ》にしかお会いすることはできません。

　この和歌は『日本書紀』に記されている。実姉に当たる皇后に見つかることを恐れる心境を詠《よ》んだものだ。現代に通じる生々しさを帯びている。

　茅渟宮の跡が上之郷にあるのは、江戸時代に編纂《へんさん》された地誌『和泉志』に、この宮の所在地を「日根郡上郷中村」としていることによっている。だがこれはあくまでも後世の推測にすぎない。允恭天皇が実在しない可能性が高いということは、茅渟宮もなかったと考えるべきだろう。

　けれどもここにたたずんでいると、天皇がひそかに愛する女性をかくまっていたという話に、なるほどとうなずいてしまう。地元のタクシーの運転手ですらわからず、狭い道を何度も曲がってやっとたどり着いたことで、そうした実感が強まったのかもしれない。

　阪和線の駅で言えば、上之郷は日根野よりも一駅ほど和歌山寄りの長滝の方が近い。タクシーだと五分、歩いても二十分足らずで着いてしまう。日根野とは対照的なこぢんまりとした駅だ。入口は狭く、自動改札も二台しかない。赤い三角屋根は、戦前の阪和電気鉄道時代のままだという。

　和歌山行きの紀州路快速に乗る。大阪平野を南下するにつれ、徐々に平野が狭くなり、和泉山脈が迫ってくる。和泉砂川の駅に着く手前で、左手の山麓《さんろく》に巨大な和風建築が見える。「ほんみち」泉南支部の神拝殿だ。

　一部の特急が停まる和泉砂川で降りる。この駅には東口と西口があるが、どちらにも赤い三角屋根の駅舎があり、戦前から開けていたことがわかる。ホームの屋根や跨《こ》線橋《せんきょう》は新しくなっているのに、駅舎だけは戦前と変わっていない。

　ここはもう和歌山県に接した泉南市で、海沿いから内陸へ進路を転じた紀州街道と熊野街道が合流した街道の宿場町だった信達宿《しんだちしゅく》がある。西口から歩いても十分とかからない。毎年四月には「ふじまつり」が開催され、紫一色に染まった藤棚《ふじだな》を見る人々でにぎわうそうだが、いまは車の往来があるだけで観光客はいない。参勤交代の折に紀州徳川家が泊まった本陣跡も、かたく門を閉ざしていた。

　上皇や法皇の熊野御幸ではここに仙洞《せんとう》御所が置かれたため、御所村と呼ばれた。仙洞御所とは、現上皇が住んでいる仙洞御所と同様、退位した天皇の御所を意味する。ただこの場合、一時的に滞在するだけなので、行宮《あんぐう》ないしは行在所《あんざいしょ》と呼ぶ方が正確である。

　建仁元（一二〇一）年十月七日、後鳥羽上皇の四回目の熊野御幸に同行して信達宿に着いた藤原定家（一一六二～一二四一）は、日記にこう書いている。

> この御宿、惣名《そうみやう》は信達宿、この所は厩戸《うまやど》御所と云々《うんぬん》。例のごとく、萱葺《かやぶき》三間屋あり、国より充《あ》て給《たま》ふ。御所極めて近く、還《かへ》りて恐れを懐《いだ》く。戌《いぬ》の時ばかり、召しありて参上す。御前に召し入れらる。二首を講ぜらる。たちまち定めありて書き直され、題の次第、雪を先となす。例のごとく読み上げをはんぬ。御製またもつて殊勝なり。（『国宝熊野御幸記』、八木書店、二〇〇九年）

定家が泊まったのは御所ではなく、茅葺きの間口三間の小屋で、和泉の国司から割り当てられた。御所の近くでかえって恐縮したが、戌の時ほど（午後八時前後）にお召しがあって御所に参上し、上皇に会った。和歌会が開かれるためであった。

お題は雪と月で、雪を先にした。自分の和歌はひどいものだったが、上皇の和歌はまたも見事だった。意訳すれば、定家はそう書いている。

允恭天皇が衣通姫に会うために茅渟宮に通ったという『日本書紀』の記述とは異なり、これはれっきとした事実と断定できる。だが信達宿には、仙洞御所も「萱葺三間屋」の跡も残ってはいなかった。

和泉砂川で降りたからには、どうしても訪れたい場所がもう一つあった。先ほど車窓から見えた「ほんみち」の泉南支部だ。

昭和初期に天皇制と対峙《たいじ》して弾圧された新宗教（民衆宗教）に関心をもち、大学院時代に訪れた教団施設の一つが京都府亀岡市の「大本《おおもと》」本部（天恩郷）であり、もう一つが大阪府高石市の「ほんみち」本部であった。

「ほんみち」は、天理教山口宣教所の所長だった大西愛治郎（一八八一～一九五八）が天理教から分派して一九二五（大正十四）年に発足させた「天理研究会」を前身としている。三六（昭和十一）年に「天理本道」、五〇（昭和二十五）年に「ほんみち」と改称したが、戦前には「大本」同様、不敬罪や治安維持法違反で二度にわたって弾圧されている。

それはなぜか。昭和天皇の神格を公然と否定したからである。三八（昭和十三）年に配布された「憂国の士に告ぐ」には、次のような一節がある。

○○（天孫）が○（神）勅を受けて○○（天降《あまくだ》）つたと言ふが如《ごと》き事実、或《あるい》は○○○○（三種の神）器が○（大）神より授けられたるものなりと言ふが如き事実が昔にあつたものではない。是《これ》とりもなほさず先の世の為《ため》天より予言せられたものであると信ずる。御教祖様が「《ママ》我は伊弉冊命《いざなみのみこと》の魂であり世界一列人間始め出《いで》しの母親であると仰せられ又我は天理王命、○○（天照《あまてらす》）大神《おおみかみ》である。御自身の御居間をさして此《こ》処《こ》は天の○○（岩戸）であると仰せられた。是によれば○○（天孫）の○○（降臨）も肉体が天より○○（天降）つたのではなく、甘露台様が御教祖様の理《ことわり》を其の儘《まま》譲り受けられ万国統一の真柱となられる事であつたと思惟《しい》せざるを得ない。（村上重良『ほんみち不敬事件』、講談社、一九七四年）

引用文中の○○は伏せ字で、括弧内で補っている。『日本書紀』に書かれた天孫降

「ほんみち」泉南支部にそびえ立つ神拝殿。遠くからでもその姿は圧巻である。見学は断られてしまった。

臨が公然と否定されている。「御教祖様」すなわち天理教祖の中山みき（一七九八〜一八八七）こそがアマテラスなのであり、「甘露台様」すなわち大西愛治郎はその後継者であって、天皇に代わって「万国統一の真柱」になるものとされているのだ。

すでに日中戦争が始まり、言論統制が進みつつあった時期に天皇制のイデオロギーを乗っ取り、大西愛治郎を昭和天皇に比した教説を公然と唱えたことに対しては、ただただ驚くほかはない。高石市の本部を訪れたのもそうした大胆さにひかれたからだったが、このとき和泉砂川の泉南支部に神拝殿ができたことを初めて知った。それ以来ずっと気になっていて、一度訪れてみたいと思っていた。

神拝殿の床面積は一万五千平方メートルあ

まりで、拝殿は約三千五百畳ある。これほど巨大な建築物は天理教にもない。神拝殿からは阪和線の線路はもとより、大阪湾や関西空港、淡路島なども眺められるという。しかし、タクシーで泉南支部に行き、見学を希望したところ、本部とは異なり、信者以外は入ることができないと断られた。ただ作業所の見学はできるという。「ほんみち」では、天理教に由来する「ひのきしん」という信者の奉仕活動が半ば義務づけられている。業者に依頼するのではなく、信者自身が教団施設を建設、維持管理するのである。

作業所というのは、この「ひのきしん」のための管理事務所に相当する。神拝殿も「ひのきしん」によって八七（昭和六十二）年に完成した。

建築史家の五十嵐太郎は、「アマチュアの信徒が労働力なので、難しい作業を可能なかぎり単純な作業に分解するほか、素人《しろうと》でも使える工具や機械を開発して構法を簡略化した。神拝殿は和風の外観から予想しにくい立体トラス構法により、大空間を確保する。ほんみちは信者の建設作業への参加を強調している」と述べている（『新宗教と巨大建築　増補新版』、青土社、二〇二二年）。

和泉砂川駅のすぐ南側に、阪和線の線路を挟むようにして作業所が二棟建っていた。私たちが案内されたのは、新しくできた第二作業所の方だった。まず「ほんみち」の紹介ビデオを見せられてから、作業所のなかを案内される。礼拝所や講堂、食堂などがあり、一階には「ひのきしん」の資材や機械も置かれている。台風21号の際には、このあたりで被害を受けた家々の修復作業にも一役買ったという。

和泉砂川駅の周辺には「ほんみち」の施設が集まり、信者が多く住んでいる。古代や中世の天皇や上皇、そして昭和天皇も戦後巡幸で通った街道や鉄道沿いに、天皇の神格を否定した教団が一つの宗教都市を築いているのは、いかにも奇妙に見える。だが作業所で頂いたパンフレットには、「ほんみち」が二度弾圧されたという記述はあっても、その具体的な理由については触れられていなかった。

午後五時を知らせるために泉南市が流している音楽がどこからともなく聞こえてきた。今日の探索はここまでとし、和泉砂川から和歌山行きの紀州路快速に乗る。

住宅地が途切れ、稲刈りを目前に控えた田んぼの風景が広がる。大阪平野がますます狭くなり、和泉山脈へとさしかかる。和泉鳥取を過ぎると上り勾配《こうばい》となり、阪和線の全区間で最も長い山中渓《やまなかだに》——紀伊間（八・一キロ）で雄ノ山峠を越え、大阪府から和歌山県に入る。旧国名で言えば和泉国から紀伊国に入ることになる。

その途端、左手の車窓に和歌山平野の夕景が広がる。今度は下り勾配となり、右に大きくカーブを描きながら和歌山市街へと下ってゆく。この展開は何度見ても飽きない。紀ノ川を渡れば、終点の和歌山はもうすぐだ。

駅前のホテルでいったん荷物を部屋に置き、夕飯を食べに出掛ける。和歌山と言えば、地元で中華そばと呼ばれるラーメンを外すわけにはいかない。後藤さんにリクエストしたところ、この日は木曜日で休みの店が多かったが、ホテルから数分歩いたところにある「丸高」という店が開いているという。さっそく行ってみると空《す》いている。と思った途端、西洋人の団体が入ってきて賑《にぎ》やかになった。

テーブルの上に紀州名物の早寿司《はやすし》が置いてある。笹《ささ》に見立てたプラスチック製の包みをとり、ラーメンが来るまでの間に食べてみる。酢のよく効いた鯖《さば》寿司であった。

ラーメンが運ばれてきた。同じ豚骨醤油でも、横浜家系《いえけい》のような見るからに豚骨の割合が高い濃厚な色ではなく、醤油《しょうゆ》ベースの端麗な色をしている。このスープのなかに黄色い細麺と、青ネギ、メンマ、チャーシュー、そしてピンク色のなるとがきちんと配置されている。丼《どんぶり》は、赤、青、黄の三色雷紋で縁取られた古典的なものだ。これらすべての色合いが絶妙で、いやが上にも食欲をそそられる。

客が早寿司を食べることを想定してか、量はそれほど多くない。麺は柔らかく、汁によくなじんでいる。あっと言う間にたいらげると、サイドメニューにあった餃子《ギョウザ》やおでんまで頼んでしまう。横では西洋人たちが日本語を話し、箸《はし》を使って上手にラーメンを食べていた。

和歌山市の中心部には、ＪＲ和歌山駅と南海の和歌山市駅がある。早く開通したのは南海の方であった。和歌山駅は一九二四（大正十三）年に紀勢西線（現・ＪＲ紀勢本線）の東和歌山駅として開業し、三〇（昭和五）年には阪和電気鉄道が同じところに阪和東和歌山駅を開業させた。東和歌山の「東」が取れて和歌山になったのは、六八（昭和四十三）年三月であった。

翌朝、一人で和歌山と和歌山市の間を結ぶ電車に乗り、この区間を往復してみた。線区で言えば紀勢本線の一部に当たるが、本線に乗り入れる電車は一本もなく、二両編成の電車が短い区間を行ったり来たりしている。

南海の和歌山市駅は駅ビルが解体されてさら地になっていたせいか、和歌山駅に比べると見るからに貧弱な印象を受けた。かつては和歌山駅と拮抗《きっこう》していた乗降客数も、いまでは和歌山駅の半分以下に落ち込んでいる（ＪＲ和歌山市駅の乗降客数を含まず）。和歌山市が「西和歌山」となり、かつて東和歌山だった和歌山が名実ともに中心駅となったのだ。

ホテルで後藤さんらと合流し、タクシーで和歌浦に向かう。漱石の『行人』では、主人公の一行は和歌山市の駅前から、主人公が「閑静な電車ですね」と侮《あなど》るように言った路面電車に乗り換えて和歌浦に向かったが、七一年に廃止されてしまった。十五分ほど走ると干《ひ》潟《がた》が見えてきて、玉津島神社の西参道口に着いた。和歌山市が二〇〇二年に立てた「和歌の浦」の案内板が見える。

それによると、和歌浦は神亀《じんき》元（七二四）年の聖武天皇の行幸に随行した山部赤人《やまべのあかひと》の和歌によって名を知られるようになった。

若の浦に　潮満ち来れば　潟を無《な》み　葦辺《あしべ》をさして　鶴《たず》鳴き渡る

案内板に『万葉集』に収められた玉津島賛歌の反歌の一首が掲げられている。若の浦に潮が満ちてくると干潟が無くなるので、葦の生えている岸辺に向かって、鶴《つる》が鳴きながら飛んで行くことよ――赤人は、若の浦の景観をこう絶賛した。

ちなみに若の浦が和歌の浦と改称されるのは、平安時代以降である。文字どおり、歌枕《うたまくら》の代表にふさわしい地名になったわけだ。

聖武や赤人が訪れたとき、紀ノ川は河口を若の浦に大きく開き、そこに妹背《いもせ》山《やま》、鏡山、奠供《てんぐ》山《やま》、雲蓋山《うんがいやま》、妙見山、船頭山という六つの島を浮かばせ、それらをまとめて玉津島と呼んでいた。現在では妹背山だけを海上に残してみな陸地化している。

神社の背後にある奠供山に登ってみる。まだ島だったときに聖武天皇が登ったとされる山だが、山というよりはむしろ丘に近い。『続日本紀』神亀元年十月壬寅《みずのえとら》条には、聖武の言葉が掲げられている。

> 山に登り海を望むに、此間《ここ》最も好《よ》し。遠行を労《いたわ》らずして、遊覧するに足れり。故《ゆえ》に弱浜《わかはま》の名を改めて、明光浦《あかのうら》とす。守戸を置きて荒穢《こうわい》せしむること勿《な》かるべし。

聖武は奠供山から見える海の景観を気に入り、「わかのうら」を「あかのうら」に改称させた。そして番人を置いて海岸の保全に努めるよう、強く命じたのである。

聖武の娘に当たる称徳天皇もまた天平神護元（七六五）年十月に玉津島を訪れたことが、『続日本紀』巻第二十六に記されている。称徳は「望海楼」と呼ばれる楼閣風の建物を奠供山南麓の南浜に造営させ、雅楽やさまざまな遊芸を楽しんだという。

最後に玉津島を訪れた天皇は桓武であった。『日本後紀』延暦二十三（八〇四）年十月癸丑《みずのとうし》条には、桓武の言葉が掲げられている。

今御坐《おおまします》所を御覧すに、磯島も奇麗《うるわ》しく、海瀲も清く晏《しず》かにして、御意もおだいに御坐坐す。故是を以て御坐坐せる名草《なくさ》・海部《あま》二郡の百姓に、今年の田租免し賜い、又国司・国造・二郡司らに、冠位上げ賜い治め賜う。（中略）又御座《おおまし》ます所に近き高年く八十巳上の人等に、大物賜わくと詔りたまう勅命を、衆聞き食えと宣りたまう。

桓武もまた「磯島」すなわち玉津島の風景を絶賛し、日根行宮で行ったのと同様、百姓の税を免除し、官位を授け上げ、近隣に住む八十歳以上の高齢者に物を贈っている。

桓武は退位して太上《だいじょう》天皇となった聖武や、いったん退位し、太上天皇となってから再び天皇になった称徳とは異なり、死去するまで天皇として在位し続けた。終身在位を原則とする中国皇帝を強く意識していたからだと言われている。その桓武が、還暦を過ぎ、自らの生涯を終えようとしたときに、聖武や称徳にならって玉津島を訪れたのは、一体なぜだったのだろうか。

桓武以降、天皇となった人物が都をあとにして目指したのは、「海」ではなく「山」であった。神仏習合と浄土信仰が浸透することで、山また山の続く熊野地方が信仰を集めるようになったからである。だがそのルートは、途中まで和歌浦へのルートに重なっていた。

現在、奠供山に登ってみると、確かに片男波と呼ばれる長い砂嘴《さし》を挟むようにして干潟と海が眺められるが、雑然とした住宅が陸地を埋め尽くしているせいか、古代の天皇が感激したほどの絶景は見られない。観光客らしき人の姿も見かけない。世界遺産となった熊野とは対照的である。

ＪＲ和歌山駅に戻る。改札口に隣接した駅ビルの一階で、一八九八（明治三十一）年創業の和歌山水了軒が「小《こ》鯛《だい》雀《すずめ》寿司《ずし》」を販売している。

この駅弁は、個人的に宮島口の「あなごめし」と並び、西日本の駅弁の双璧《そうへき》だと思っている。ちょうど六個入りの「小鯛雀寿司」（一〇八〇円）が四人分あったので、江木さんがまとめて買った。特上の五個入りの「小鯛寿司」（二二五〇円）を買いましょうとは言えなかった。

大阪方面に向かう紀州路快速に乗り、再び雄ノ山峠を越えて山中渓で降りる。ＪＲの駅としては大阪府の最南端にあり、阪和線で最も乗車人員の少ない無人駅である。線路に並行して、熊野街道（紀州街道）が石畳の道として整備されている。少し歩くと山中神社があり、その境内に馬目《うまめ》王子社がある。前掲『国宝熊野御幸記』によると、後鳥羽上皇や藤原定家はここ（宇麻目王子）に立ち寄っている。

だが街道に人の姿はない。ベンチすらもない。駅に戻り、上りのホームに設けられたベンチで「小鯛雀寿司」を食べる。この駅弁には醤油がついていない。酢で締めた淡泊にして芳醇《ほうじゅん》な鯛の食感を、そのまま味わってほしいということなのだろう。

山中渓という駅名が示す通り、ここは和泉山脈の山の中の狭い渓谷に当たる。かつて和歌浦を目指した聖武天皇や桓武天皇が、熊野を目指した後白河法皇や後鳥羽上皇が、そして焦土と化した和歌山市を目指した昭和天皇が、いずれもこの狭い谷を通っていった。二本の線路は、まるで幾重にも重なる彼らの軌跡を描いているかのようだ。

新大阪ゆきの特急「くろしお」が近づいてきたかと思うと、あっと言う間に通過してゆく。線路が下り勾配になっているので、いっそう速く見える。周囲の静寂が一瞬破られ、またもとの静寂が戻ってくる。

特急電車の前面には愛称名の記されたヘッドマークが付いていたものだが、「くろしお」にはそれがない。一瞬静寂を破った「くろしお」の、のっぺらぼうのような前面の車体を目《ま》のあたりにして、過ぎ去った天皇の亡霊が現れたような錯覚に陥った。

五　日蓮と「房総三浦環状線」

横須賀市の久里浜《くりはま》を17時17分に出たＪＲ横須賀線の普通逗子ゆきは、二駅目の横須賀で快速上総《かずさ》一ノ宮行きに接続する。この電車は、東京から総武本線、千葉から外房《そとぼう》線に入り、上総一ノ宮に20時31分に到着する。神奈川県から東京都を経由して千葉県へ、旧国名で言えば相模《さがみ》から武蔵《むさし》、下総《しもうさ》を経由して上総へと至るルートに相当する。三浦半島から東京湾の北側を経て房総半島に達するルートと言ってもよい。

実は、ほぼ同じ時刻に久里浜を発《た》って上総一ノ宮に向かえるもう一つのルートがある。

久里浜港を17時25分に出た東京湾フェリーは、浦賀水道を横断し、対岸の金谷《かなや》港に18時5分に着く。ＪＲ内房《うちぼう》線の浜金谷まで歩くと、18時21分発の普通上総一ノ宮行きに乗ることができる。この電車は安房鴨川からＪＲ外房線に入り、上総一ノ宮に20時44分に到着する。

東京都を経由せず、神奈川県から千葉県へ、旧国名で言えば武蔵、下総を経由せず、相模から安房を経て上総に入るルートに相当する。三浦半島から東京湾の南側を経て房総半島に達するルートと言ってもよい。

どちらのルートをとっても、所要時間はほぼ変わらないのだ。

ここでは、双方を合わせた久里浜―（ＪＲ横須賀線）―東京―（ＪＲ総武本線）―千葉―（ＪＲ外房線）―上総一ノ宮―（同）―安房鴨川―（ＪＲ内房線）―浜金谷＝金谷港―（東京湾フェリー）―久里浜港＝久里浜という循環ルートを、三浦半島と房総半島の名称を合わせて「房総三浦環状線」と名付けてみたい。

驚くべきは、この環状線の沿線区域が、鎌倉時代に日蓮宗（法華宗）を開いた日蓮（一二二二～八二）の足跡と見事なほど重なっていることだ。

具体的に記そう。ＪＲ総武本線の下総中山駅付近からは、日蓮宗大本山・中山法華《なかやまほけ》経寺《きょうじ》の仁王門が眺められる。ここは日蓮が青年期を過ごした説法、安息の地として知られている。中山法華経寺の近くにある遠壽院《おんじゅいん》もまた日蓮宗の寺院であり、現上皇后の旧姓である正田家の菩提寺《ぼだいじ》でもある。

ＪＲ外房線の主要駅の一つ、茂原《もばら》駅の近くには、日蓮宗の藻原寺《そうげんじ》がある。『茂原市史』（茂原市、一九六六年）によると、後述する清澄寺《せいちょうじ》で悟りを開いた日蓮が一カ月あまりとどまって布教し、最初の信者を得たとされるところだ。

建長五（一二五三）年に造られた仏堂を、日蓮は榎本庵《えのもとあん》と命名している。これが妙光寺となり、江戸時代初期から藻原寺と改称している。茂原という地名は、この藻原に由来している。

同じ外房線の終点に近い安房小湊《こみなと》駅から安房鴨川駅にかけては、日蓮ゆかりの名所旧跡が集まっている。日蓮降誕の地とされる誕生寺、日蓮誕生を祝福するかのようにマダイが群れをなして現れたという伝説が残る鯛《たい》の浦、日蓮が少年期に勉学に励み、建長五年に南無妙法蓮華経《なむみょうほうれんげきょう》の題目を唱えて立教開宗したとされる清澄寺、日蓮が「小松原法難」と呼ばれる危機に遭遇した鏡忍寺《きょうにんじ》などだ。

清澄寺から鎌倉に向かう際、日蓮は鴨川と保田《ほた》の間を結ぶ現在の長狭《ながさ》街道を経由して房総半島を横断し、浦賀水道を船で渡って三浦半島に上陸することが多かった。現在の東京湾フェリーのルートは、かつて日蓮が船で渡ったルートともほぼ重なっている。

ＪＲ横須賀線の逗子《ずし》—鎌倉間にも、日蓮ゆかりの名所旧跡が集まっている。鎌倉に入った日蓮が草庵を構え、「松葉《まつば》ヶ谷《やつ》の法難」と呼ばれる危機に遭遇した地に建つ安《あん》

房総三浦環状線
茨城県
埼玉県
JR武蔵野線
中山法華経寺
下総中山駅
JR総武本線
東京都
JR中央本線
東京駅
JR京葉線
JR総武本線
JR南武線
西大井駅
千葉駅
蘇我駅
池上本門寺
武蔵小杉駅
JR東金線
東海道新幹線
JR横須賀線
横浜駅
千葉県
JR内房線
茂原駅
東京湾
神奈川県
JR根岸線
木更津駅
JR久留里線
上総一ノ宮駅
鎌倉駅
久里浜港
房総半島
三浦半島
JR東海道本線
久里浜駅
JR外房線
浜金谷駅
久里浜～鎌倉拡大図範囲
東京湾フェリー
金谷港
安房小湊駅
安房鴨川駅
JR内房線
太平洋
茂原～浜金谷拡大図範囲
0
10km

国論《こくろん》寺、道行く人々に法華経を説いた辻説法跡、鎌倉で日蓮に出会い、深く帰依《きえ》した比企《ひき》能本《よしもと》（一二〇二〜八六）が建立《こんりゅう》した比企谷《ひきがやつ》妙本寺などだ。

同じ横須賀線の武蔵小杉―西大井間では、線路の一キロあまり南側に日蓮が入滅した霊跡として知られる池上本門寺がある。ここも沿線区域に含めれば、日蓮の降誕から入滅に至る重要な足跡が、「房総三浦環状線」の沿線にほぼ集まっていることになる。

鎌倉仏教の開祖と言えば、日蓮のほか、浄土宗を開いた法然（一一三三〜一二一二）、浄土真宗を開いた親鸞《しんらん》（一一七三〜一二六二）、時宗を開いた一遍（一二三九〜八九）、臨済宗を開いた栄西（一一四一〜一二一五）、曹洞宗を開いた道元（一二〇〇〜五三）の名が広く知られている。

しかし彼らは主に、京都以西の西日本を活動の舞台とした。確かに親鸞は常陸《ひたち》（現在の茨城県）を舞台に約二十年間にわたって布教活動を行ったが、房総半島や三浦半島には足跡を残していない。栄西や道元は京都から鎌倉に下向したが、鎌倉にいた時期は長くなかった。総じて彼らは当時の都であり、文化の中心だった京都という磁場に多かれ少なかれ拘束されていたのだ。

一方、日蓮は栄西や道元とは異なり、他宗ばかりか鎌倉幕府からも迫害を受けたにもかかわらず、生涯の多くを東日本、それも房総半島と三浦半島で過ごしている。この点では、ほかの開祖と全く違う生涯を送ったと言える。

明治維新により天皇が京都から東京に移ったことは、皇室と日蓮宗の距離を地理的に縮めることを意味した。実際に皇后や天皇の生母となる女官たちは、日蓮宗に深く帰依し、誕生寺に参詣《さんけい》したり、写経を納めたりした。東京から比較的近かったことが、ほかの宗派とは異なる皇室との結び付きを強める上で有利に作用したのである。

明治以降、皇室の宗教は神道《しんとう》になったとされている。だが「房総三浦環状線」の沿線には、そうではない歴史を知るための重要な鍵《かぎ》が隠されている。近代天皇制の研究者としても、無関心ではいられないのだ。

二〇一九（平成三十一）年二月二十八日、東京を10時ちょうどに出る安房鴨川行きの特急「わかしお5号」に、江木裕計さん、後藤結美さん、中島輝尚さんと私が乗っていた。あいにく天気が悪く、朝からずっと雨が降っていて、底冷えがする。

後藤さんが指定席の切符を手配してくださったが、案の定がら空きだ。私たちのほかには、同じ車両に客が一人しか乗っていない。

ＪＲ総武本線を経由すれば中山法華経寺が車窓から見える。けれどもこの特急は、東京湾に沿う京葉線を経由するので見えない。残念ながら東京―蘇我《そが》間だけは、「房総三浦環状線」のルートから外れてしまうのだ。

蘇我から外房線に入り、茂原に10時54分に着く。すぐにタクシーに乗り換えると、十分もしないうちに藻原寺の広い境内が現れた。茂原のシンボルになっている高さ二五メートルのコンクリート製の白い山門（戒壇塚）がひときわ目を引く。

現在、藻原寺は山門に代わる新たなシンボルをつくろうとしている。「日蓮大聖人大銅像」だ。

駐車場に面して、すでに高さ四・三メートルの頭部だけが仮安置されている。剃髪《ていはつ》ではあるが鼻筋が通っていて、現代風の顔立ちをしている。脇《わき》に立てられた看板には、「建立資金勧募中」としてこう記されている。

日蓮大聖人の全体像は二十米《メートル》です
藻原山上に建立する予定です
十二米の台座の建立資金不足のため
取敢《とりあ》えずお顔を安置いたしました
早く大聖人の勇姿を拝めますよう

藻原寺に建立中の巨大な日蓮像。資金不足のため肩までが仮安置の状態である。

ご支援をお願いいたします
ご寄付は寺務所で受け付けております

胴体部分を含めた像の高さは二〇メートル、台座を含めた高さは三二メートルとなり、奈良の東大寺大仏より巨大な銅像が生まれることになる。だが実際には寄付が集まらず、計画が先延ばしになっている。日蓮の生誕八百年に合わせて二〇二一年に完成させたいというのが、寺のもくろみらしい（結局、このもくろみはかなわなかった——後注）。

なぜ藻原寺はこれほど巨大な銅像を建てようとしているのか。それはおそらく、日蓮が最初に題目を唱えて信者を獲得したのがこの寺だったと主張したいからだろう。二〇一八年七月の開眼法要には、茂原市長も出席している。茂原が同じ外房線沿線の勝浦や鴨川に代わる観光スポットになることを期待しているかのようだ。

雨が降っているので早々に切り上げ、タクシーで茂原駅に戻り、11時55分発の安房鴨川行き特急「わかしお7号」に乗る。こんどは自由席のせいか、それなりに席が埋まっている。時間を節約するため、車内で後藤さんが買ってきた弁当を急いで食べる。冒頭で触れた快速や普通の終点、上総一ノ宮からは単線になる。御宿《おんじゅく》を過ぎるとようやく左手に太平洋が現れ、外房らしくなる。荒天のせいか波が高い。サーファーの姿も見かける。

しかし海が見える区間は長くは続かない。トンネルを抜けると入江が見えて駅があり、つぎの岬に近づくとまたトンネルに入るからだ。それを繰り返しながら、内浦湾に面した安房小湊に12時43分に着く。駅名を見るだけで、上総から安房に入ったと実感させられる。

駅前にタクシーが一台停まっていた。後藤さんが予約しておいたタクシーだった。鯛の浦遊覧船乗り場に行くよう指示すると、高齢の女性ドライバーは「この天気じゃ出ないかもしれませんよ」と言う。あわてて遊覧船を運航している小湊妙《たえ》の浦《うら》遊覧船協業組合に電話で問い合わせたところ、動いているとのこと。まずは一安心である。

遊覧船乗り場の前には、「昭和天皇皇后御覧　昭和四十八年十月十三日　特別天然記念物　鯛の浦タイ生息地」の記念碑が建っていた。『昭和天皇実録』同日条には、「乗船場にて御召船第十八妙の浦丸に御乗船になり、小湊妙の浦遊覧船協業組合理事長沼野元昌の説明により群泳する鯛を御覧になる」とある。

実はこれより前、一九六四（昭和三十九）年三月二十四日にも、皇太子（現上皇）夫妻が四歳になったばかりの浩宮《ひろのみや》（現天皇）を連れて遊覧船に乗っている。

> 天津《あまつ》小湊町片桐海石町長、遊覧船組合松本亀次理事長の案内で、第十一妙の浦丸（四・五トン）にすぐご乗船になった。この日の小湊湾は、まったく波静かで、すべるようにタイ生息域へと向かい、エ〔サ〕を求めて海面からおどりでる大小のタイにご一家はお喜び。とくに案内役の片桐町長に対して〝こんなに大きいタイもいるのですか〟と皇太子さまはお驚きのご質問をされたという。（『千葉日報』同年三月二十五日）

けれども今日は、皇太子一家が乗ったときとは打って変わって雨が降り、波が激しく打ち寄せている。船が出港できるぎりぎりの天候だという。

13時15分、私たち四人だけを乗せた船が出港する。波が高いせいかよく揺れる。手《て》摺《す》りにつかまっていないと持って行かれるほどだ。ほかの三人は喜んで海の景色を眺めていたが、泳ぎの得意でない私はこれ以上波が高くならないよう祈るばかりだった。湾内を一周すると、船はオレンジ色の旗が二つ立っている湾の中央部に停泊した。ガイド役の男性が、窓を下ろして外を見るよう私たちに促し、イワシを次々と海に向かって投げる。するとマダイが踊り跳ねるように浮かんできては、また消えてゆく。皇太子が驚いたように、確かに大きい。男性によると、この日現れたマダイは八匹だったというが、もっといたようにも見える。

昭和天皇とともに遊覧船に乗った香淳皇后は、和歌を詠《よ》んでいる。

波の間に　すがたを見せつゝ　鯛のむれ　ふなへりちかく　あまたよりくる

この和歌を刻んだ記念碑が海岸に建っているのが、遊覧船からも見えた。日蓮の誕生を祝福するかのようにマダイが群れをなして現れたという十三世紀の伝説は、二十世紀には皇室のお墨付きを得たのである。

茂原〜浜金谷
千葉駅へ
千葉駅へ
JR内房線
東京湾
藻原寺
茂原駅
木更津駅
JR久留里線
上総一ノ宮駅
千葉県
房総半島
天津神明宮
安房小湊駅
清澄寺
鏡忍寺
浜金谷駅
保田駅
長狭街道
久里浜港へ
東京湾フェリー
金谷港
保田妙本寺
安房鴨川駅
鴨川グランドホテル
鯛の浦
誕生寺
JR外房線
JR内房線
館山駅
千倉駅
太平洋
0
10km

二十五分の船旅を無事終えてから、遊覧船乗り場に隣接する誕生寺へと向かう。本山の藻原寺よりも格式の高い大本山である。日蓮降誕の地とされているのだから当然だろう。キリスト教で言えば、パレスチナ自治区のベツレヘムにある降誕教会に当たる。

実は二〇〇七（平成十九）年五月にエルサレムのヘブライ大学を訪れたとき、降誕教会に行ったことがある。世界中からキリスト教徒の巡礼者が集まっていた。誕生寺でも日蓮を聖人として仰ぐ信者が集まっているのかと思いきや、それらしき姿がない。

気をとり直して、まずは「日蓮大聖人像」が安置されている祖師堂を訪れた。入口の両脇に、鋳物《いもの》製の巨大な天水桶《てんすいおけ》、つまり雨水を貯《た》めるための桶が据えられている。「奉献《ほうけん》」の文字の下には、中山慶子《よしこ》（一八三六〜一九〇七）、高倉壽子《としこ》（一八四〇〜一九三〇）、柳原愛子《なるこ》（一八五九〜一九四三）、千種任子《ことこ》（一八五五〜一九四四）、園祥子《さちこ》（一八六七〜一九四七）、小池道子（一八四五〜一九二九）の六名の名前が刻まれていた。

中山慶子は明治天皇の生母、柳原愛子は大正天皇の生母、高倉壽子は女官長、千種任子と園祥子は明治天皇に仕えた女官、小池道子は明治天皇の后《きさき》、昭憲《しょうけん》皇太后（一八四九〜一九一四）に仕えた女官である。彼女らは一八九二（明治二十五）年五月、二つの天水桶を誕生寺に寄進したのだ。

五百円の拝観料を払って靴を脱ぎ、祖師堂に上がると、正面中央に大聖人像を安置する宮殿がある。内陣の虹梁《こうりょう》には有栖川宮熾仁親王《ありすがわのみやたるひと》（一八三五～九五）の筆による「栖神閣《せいしんかく》」の額が掲げられ、格天井《ごうてんじょう》は菊の御紋で埋めつくされている。

栖神閣というのは、日蓮の魂が棲《す》んでいる場所を意味する。山梨県にある総本山の身延山久遠寺《みのぶさんくおんじ》にも、字は違うが同じ場所を意味する棲神閣《せいしんかく》がある。天井から吊《つ》るされ、まるで金色のシャンデリアを思わせる大天蓋《てんがい》などの仏具もまた、中山慶子や柳原愛子らが寄進したものだ。

なぜ天皇に近い宮中の女性たちが、誕生寺に寄進するのか。仏教学者の寺尾英智《てらおえいち》は、その理由をこう説明する。

> 寄進の発願人《ほつがんにん》となったのは、東京大鋸町《おがちょう》の西川佐野代です。（中略）勝浦市総野《ふさの》出身で、乳もみの名人であったことから、明宮《はるのみや》〔大正天皇〕の乳母の乳もみを勤めました。明宮は誕生早々に重病となりましたが、この時、日良上人《にちりょうしょうにん》に帰依して熱心な法華信徒であった西川女の縁により、病気平癒等の祈願を誕生寺で行うことになりました。その効験があらたかであったことから、宮中の女官方の信仰を得るように

なりました。（『続　小湊山史の散策』、誕生寺、二〇〇六年）

この説明によると、宮中の女性たちが信仰を得たのは、一八七九（明治十二）年に生まれた明宮（後の大正天皇）の病気治癒に効験があったからだという。日良上人というのは、誕生寺の第六一世貫首、豊永日良（一八四六〜一九〇九）のことだ。国家神道を建前とする明治の宮中で日蓮宗が広まってゆく背景に、神道だけでは解決できない問題があったとしているわけである。

祖師堂は、長い渡り廊下で本堂や客殿《きゃくでん》とつながっていた。このうち客殿は、宮家の御接待所として一九三三（昭和八）年に建造された。

確かに誕生寺には、宮中から賓客が定期的に訪れた。現在の外房線がまだ開通していなかった一八九一（明治二十四）年四月には、中山慶子や高倉壽子ら総勢十六名が東京を発ち、人力車で途中二泊しながら誕生寺を訪れている（同）。その後も毎年春秋の二回、宮中から代参があったというのだ。東京からの地理的な近さが、宮中と誕生寺の結び付きを強めたと言えようか。

客殿の「上段の間」の奥には、明治天皇が二十一歳のときの肖像画が展示されていた。客殿が完成した際、まだ生きていた柳原愛子の力添えにより、皇室にあった原画を複製したものだという。天皇は和装で、小直衣《このうし》、切袴《きりばかま》を着用し、金巾子《きんこじ》を冠している。

　この肖像画が暗示しているように、誕生寺は天皇の生母や女官ばかりか、天皇や皇后とも浅からぬ関係にある。それをよく示しているのが、一九九一（平成三）年に完成した、本尊が奉安された本堂である。

　本堂外陣《げじん》の左側に、明治天皇や昭憲皇太后の霊牌があった。それだけではない。昭憲皇太后の「御内佛《おないぶつ》」、すなわち仏壇まで展示されている。下段の左右にはリンゴが供えられ、中央には「明治天皇御肌守」とされる、紺色の紙に金泥《きんでい》で書かれた「法華経巻第八写経」を納めた箱がある。この写経は、明治天皇の生母の中山慶子が奉納したものらしい（石川泰志「明治皇室の仏教信仰を訪ねて――日蓮宗・小湊山誕生寺」、『大法輪』二〇一二年十二月号所収）。

　誕生寺のホームページには本堂内陣の説明しかなかったので、まさか昭憲皇太后の仏壇が現れるとは予想だにしなかった。ちなみに、宮内庁を著作権者とする『昭憲皇太后実録』には、昭憲皇太后と誕生寺の関係をうかがわせる記述はいっさいない。公式には昭憲皇太后も、明治天皇同様、神道を信奉していたことになっているからだ。

　このあけすけな展示が宮内庁の許可を得ていないとすれば、実に大胆としか言いようがない。

拙著『皇后考』（講談社学術文庫、二〇一七年）で触れたように、もともと日蓮宗に帰依していた昭憲皇太后は、明治天皇が死去してから、天皇の冥福《めいふく》を祈るべく、法華経巻第八の観音経の写経を思い立った。洞口猷壽《ほらぐちゆうじゅ》『昭憲皇太后宮』（頌徳会、一九一四年）によれば、この写経は一九一三（大正二）年に皇太后が伏見桃山陵（明治天皇陵）を参拝した際、伏見宮邦家《くにいえ》親王（一八〇二〜七二）の第八王女として生まれながら日蓮宗の尼僧《にそう》となる村雲日栄《むらくもにちえい》（一八五五〜一九二〇）に下付された。中山慶子が誕生寺に奉納した写経は、明治天皇が死去する以前のものだから、これとは別だったことになる。

一九二六（大正十五）年十二月に大正天皇が死去したときには、貞明皇后の発案で「南無妙法蓮華経」と書かれた紙を多数つくり、柩《ひつぎ》に納めたという証言がある（入沢達吉「大正天皇御臨終記―初めて世に出る侍医頭の日記」、『文藝春秋』一九五三年一月号所収）。そうだとすれば、中山慶子が観音経の写経を明治天皇の「御肌守」としたり、昭憲皇太后が明治天皇の冥福を祈って写経したりしたことが受け継がれているのかもしれない。中山慶子も昭憲皇太后も貞明皇后も、死後の世界を否定する神道だけでは満足できなかったのである。

隣接する宝物館には鍵がかかっていたが、寺務所に当たる布教殿堂で見学を希望したところ、特別に入ることができた。ここにも「明治御皇室の拝領品」として、昭憲皇太后に仕えた女官、姉小路良子《あねがこうじよしこ》（一八五六〜一九二六）の筆による写経が展示されていた。

筆跡はしっかりした楷書《かいしょ》で、「明治四十五年七月四日拝写畢」と日付が記され、同じ年の一九一二（大正元）年九月十六日に奉納されている。天皇はこの年の七月十九日に突然倒れ、二十九日に亡《な》くなるが（公式には三十日と発表）、姉小路はそれ以前から天皇の行く末を案じるとともに、臨終の正念をひそかに祈っていたのである。

本堂や宝物館を見て感じたのは、明治以降の宮中と日蓮宗の関係は予想していたよりもはるかに深いということだ。しかも信者は全員女性である。なぜこれほどまでに、宮中の女性は日蓮宗にひかれたのだろうか。

日蓮は、女性が男性以上に悟りから隔てられた存在であることを認める一方、法華経の前では性差や身分の区別などはなんら本質的な問題ではなく、法華経を受持する女性はどんな男性よりも貴いとしている（佐藤弘夫『日蓮』、ミネルヴァ書房、二〇〇三年）。こうした考え方が、多くの女性信者を獲得する要因となったのではないか。

鎌倉仏教の開祖のうち、ただ一人東日本で生まれ育った日蓮の女性観には、一夫一婦が強く結び付いて家を構え、経営をともに行う形が一般的になっていた東国ならではの社会の実態が反映されていたのかもしれない（野村育世『北条政子　尼将軍の時代』、吉川弘文館、二〇〇〇年）。

昭和天皇と香淳皇后も、皇太子（現上皇）一家も、鯛の浦遊覧船には乗ったが、誕生寺を訪れることはなかった。明治以降の宮中と日蓮宗の浅からぬ関係を意識するがゆえに、あえて訪れなかったと見るのはうがち過ぎだろうか。

誕生寺の見学を終えてから再びタクシーを呼んだ。安房小湊駅から乗ったときと同じタクシーだった。この時間は一台しか稼働《かどう》していないそうだ。私たちのように、いまどき駅からタクシーに乗ってあちこち観光するのは珍しいらしい。

次に訪れるべきは大本山の清澄寺だが、実は寺に行く途中で立ち寄りたい神社があった。「房州伊勢の宮」と呼ばれる天津《あまつ》神明宮《しんめいぐう》である。東国を平定した源頼朝（一一四七～九九）が寿永三（一一八四）年に伊勢神宮から神霊を勧請《かんじょう》し、アマテラスをまつったとされている。日蓮も清澄寺を訪れる際には必ず参拝したと言われている。

文永十二（一二七五）年二月、日蓮は晩年を過ごした甲斐の身延《みのぶ》で、故郷の女性にあてて手紙を書いている。

安房ノ国東条ノ郷ハ辺国なれども日本国の中心のごとし。其故《そのゆえ》は天照太神跡を垂れ給《たま》へり。昔は伊勢ノ国に跡を垂レさせ給ヒてこそありしかども、国王は八幡・加茂等を御帰依深クありて、天照太神の御帰依浅かりしかば、太神瞋《いか》リおぼせし時、源右将軍と申せし人、御起請文《きしょうもん》をもつてあをかの小大夫に仰《おお》セつけて頂戴《ちょうだい》し、伊勢の外宮にしのびをさめしかば、太神の御心に叶《かな》はせ給ヒけるかの故に、日本を手ににぎる将軍となり給ヒぬ。此《こ》ノ人東条ノ郡を天照太神の御栖《すみか》と定めさせ給フ。されば此太神は伊勢の国にはをはしまさず、安房ノ国東条の郡にすませ給フか。（渡辺宝陽編『日蓮の手紙』、筑摩書房、一九九〇年）

少し解説が必要だろう。「東条ノ郷」「東条ノ郡」は現在の小湊を、「国王」は天皇を、「八幡」は石清《いわし》水《みず》八幡宮を、「加茂」は賀茂神社を、「源右将軍」は源頼朝を意味する。

日蓮は言う。安房小湊は辺境のように見えるが、実は日本国の中心なのだ。なぜなら、法華経を守護するアマテラス（天照太神）が姿を変えて現れる地だからだ。昔は伊勢の国をアマテラスの現れた地としていたが、朝廷の帰依が浅かったためにアマテラスがお怒りになった。源頼朝はアマテラスを奉じたために御心にかなって将軍となり、安房をアマテラスの霊のいます所と定めた。だからアマテラスは伊勢の国にはおらず、安房にとどまっておられるのだろう。

日蓮は一方で法華経を絶対視しながら、他方でアマテラスを崇拝していた。安房が「日本国の中心」だと考えたのも、アマテラスをまつる天津神明宮があるからだったのだ。

もし本当にアマテラスの霊が伊勢から安房に移ったならば、その子孫とされている昭和天皇や現上皇や現天皇が安房を訪れたのも、けだし当然と言えるかもしれない。だが実際には、昭和天皇も現上皇も現天皇も、誕生寺ばかりか天津神明宮にも参拝していない。

引用した手紙のなかで、日蓮は八幡大菩薩《だいぼさつ》もまた昔は九州にいたが、後に石清水に移り、いまは鎌倉の鶴岡《つるがおか》にいると述べている。確かに鶴岡八幡宮は、九州の宇佐神宮や京都近郊の石清水八幡宮をはるかに上回る参拝客を集めている。しかし、天津神明宮が伊勢神宮を上回る参拝客を集めることは決してなかった。私たちが訪れたときも、広い境内に人の姿はなく、雨音だけが響いていた。

――ここが『日本国の中心』だなんて、日蓮もずいぶんと大きく出たものだな……

思わずこうつぶやいたら、江木さんや後藤さんも相槌《あいづち》をうっている。

タクシーで清澄寺に向かう。天津神明宮から四キロあまり内陸に入った清澄《きよすみ》山の山頂付近にある。標高は約三一〇メートル。四一〇メートル以上の山がなく、全都道府県のなかで最も地形がなだらかな千葉県ではかなり高いところにある寺と言える。

　タクシーから降りると空気がひんやりする。仁王門をくぐり抜けると左手に大堂

鴨川市にある日蓮宗の大本山清澄寺。日蓮が立教開宗した寺とされている。

（本堂）が姿を現した。雨で背後の杉林がかすんでいる。寺の歴史をずっと見守ってきた霊木「千年杉」も、全容をとらえることはできない。

晴れていたら大量の花粉に見舞われたに違いない。雨のおかげで花粉症の症状が出ないのはよいとしても、さっきより雨足が強まっている。

もともと清澄寺は天台宗の寺で、日蓮が天福元（一二三三）年に十二歳で山に入ったときもそうだった。十六歳で出家得度し、本尊の虚空蔵菩薩《こくうぞうぼさつ》に「日本第一の智者《ちしゃ》となし給へ」と祈願した。その後、鎌倉や京都などに遊学し、数え三十二歳でまた清澄寺に戻ってきた。そして法華経こそが一切衆生《しゅじょう》を救う教えであると悟り、建長五（一二五三）年四月二十八日に初めて南無妙法蓮華経の題目を唱え、立教開宗した。天台宗から初めて日蓮宗が独立したのだ。

当時は寺の最盛期で、僧坊は十二、祠堂《しどう》は二十五を数えたという。ところが室町時代の後半から寺の衰退が始まり、江戸時代には真言宗の寺となった。明治になっても衰退は止まらなかったが、一九二三（大正十二）年に日蓮の銅像が完成したことで参《さん》詣者《けいしゃ》が増えた。真言宗智山《ちさん》派と日蓮宗の間で話し合いがもたれた末、一九四九（昭和二十四）年に日蓮宗の寺となり、誕生寺同様、宗門直轄《ちょっかつ》の大本山となった。

てっきり誕生寺のように、拝観料を払って見学できるものと思っていたが、そうではなかった。そもそも参詣客が一人もいない。大堂も祖師堂も宝物殿もかたく扉を閉ざしている。御守りが売られている本院で、職員を呼び出して見学できないか尋ねたところ、それはできないとつれない返事。せめて宝物殿だけでもと食い下がったところ、しぶしぶ鍵を開けてくださった。日蓮が用いた筆箱や数珠《じゅず》、袈裟《けさ》などが展示され

清澄寺の一角、旭が森にある日蓮像。日蓮はこの場所で初めて題目を唱え、法華経の布教を決意したとされる。

ていたが、どちらかといえば江戸時代に春日局《かすがのつぼね》（徳川家光の乳母。一五七九〜一六四三）から寄進された茶道具一式のほうが目立っていた。

日蓮の銅像はどこにあるか尋ねると、境内から少し離れた「旭が森」と呼ばれる小高い丘にあるという。すぐに着けると高をくっていたら、途中で道を間違え、気づいたら別の丘に登っていた。この間に風雨ともにますます激しくなり、持っていた傘が役に立たなくなる。天津神明宮でつぶやいたことが、日蓮を怒らせてしまったようだ。

ようやく旭が森に着いたときには、全身ずぶ濡《ぬ》れになっていた。本来ここは、日蓮が太平洋から昇る朝日に向かって初めて題目を唱えたとされる場所であり、東方を望むと稜線《りょうせん》の彼方《かなた》に青々とした海原が広がっているはずだった。しかし容赦なく叩《たた》きつける雨のせいで視界はほぼゼロに等しく、朝日を拝むかのように手を合わせる日蓮の銅像を一瞥《いちべつ》しただけで引き返した。

おそらく日蓮は、太平洋から昇る朝日を見て、そこに日の神としてのアマテラスの姿を見いだしたのだろう。もし晴れていれば、「辺国なれども日本国の中心のごとし」と述べた日蓮の心境に近づけたかもしれなかったのだ。

時計の針を見ると、すでに午後四時を回っている。暴風雨のせいで気力も失われたので、待たせていたタクシーに戻り、宿泊先の鴨川グランドホテルへ直ちに行くよう指示する。

今回は後藤さんにお願いして、鴨川グランドホテルを予約してもらった。皇室が南房総を訪れるときには必ずこのホテルか勝浦ホテル三日月（現・三日月シーパークホテル勝浦）に泊まったからだ。

鴨川グランドホテルには、前身の吉田屋旅館の時代を含めて、昭和天皇と香淳皇后が三回、現上皇が五回、現上皇后が四回、現天皇が一回宿泊している。昭和天皇は一九八四（昭和五十九）年に宿泊した際、「眺めの良いところに三度も泊めてもらい、皆の心温まる充分なもてなしを受けありがとう」と述べている。

皇室御用達《ごようたし》のホテルというからにはさぞ高いだろうと思いきや、一泊朝食付で一万円もしない（税別）。訪れてみると、期待に違《たが》わず、その値段にしては破格の豪華さである。

昭和天皇が絶賛したように、ロビーからは太平洋が一望でき、まるで南国のリゾートにでも来たような贅沢《ぜいたく》な気分に浸れる。いかにも昭和を思わせる懐《なつ》かしいロゴや意匠の数々。通された二階の部屋はツインの洋室で、広さは三八平方メートルあり、べッドのほかにソファベッドまである。窓を開ければ松林の向こうに海が広がり、波の音が静かに響く。これまでに取材で利用した宿泊施設のなかでも、文句なしに最上の部類に入る部屋だった。

天皇らが泊まる貴賓室は最上階の七階にあり、広さは一一五平方メートルもある。研究の一環として見学を申し込んだところ、現在工事中のためそれはできないと断られた。

冷えた身体《からだ》をしばらく部屋で温めてから、ホテルの近くにある「地魚回転寿司《ずし》丸藤本店」に向かう。誕生寺や清澄寺でけっこう歩いたせいか、腹が減っている。まだ午後五時を過ぎたばかりのせいか、客の姿はほとんどなく、寿司も回っていない。

板前に直接声をかけるよう言われたので、まずは本日のおすすめの「地魚食べくらべ」を注文する。マダイやカツオなどの四貫セットだった。

どれも地元の鴨川や天津《あまつ》の漁港で水揚げされた魚らしく、さすがに新鮮だ。同じ千葉県でも、東京湾でとれる内房の魚とは違い、太平洋の荒波に揉《も》まれているせいか、身がひきしまっている。これはいけると思い、今が旬のキンメダイやイワシ、ウニ軍艦、ナメロウ軍艦などを続けて注文。キンメダイの西京焼き、菜の花のおひたし、つみれ汁まで頼んだ。天気にたたられた不運を、一気に取り返した気分になる。

ホテルに戻り、大浴場「湯屋　海の回廊」に行く。鴨川温泉「なぎさの湯」という名のれっきとした温泉だという。二〇〇三（平成十五）年の開湯というから、知らなくても無理はない。

大浴場の名に違わぬ広さだった。内湯と外湯に分かれ、露天岩風呂《いわぶろ》まである。ただ加温していて、プールのような塩素の匂《にお》いが少しばかり鼻についた。あまり温泉という感じはしなかった。

翌朝、まだ雨が降っている。午前六時半頃に起きて大浴場に向かうと、すでに夜は明け、外湯からは太平洋が眺められた。沖合には漁船が二隻《せき》停泊し、サーチライトを照らしている。

海岸に面した一階の「ＴＨＥ　ＧＵＮＪＯ　ＲＥＳＴＡＵＲＡＮＴ」でバイキングの朝食を済ませる。ＧＵＮＪＯは、海の色を表す群青《ぐんじょう》だろう。午前八時半にまたタクシーに乗り、最初の目的地である鏡忍寺へと向かう。

鏡忍寺は藻原寺と同じく本山で、大本山の誕生寺や清澄寺より格式が低いが、「小松原法難」の地として知られている。文永元（一二六四）年十一月、日蓮の一行はここで地頭の東条景信（生没年不詳）らに襲撃され、弟子の鏡忍坊日暁《にちぎょう》（一二〇二～六四）

と信者の工藤吉隆（?〜一二六四）が死亡、日蓮自身も腕を折られ、頭部に刀傷を負った。死亡した二人の菩提を弔うため、日蓮が命じて開創されたのが鏡忍寺である。

　ＪＲ外房線の線路をはさんで、鴨川グランドホテルとはちょうど反対側にその寺はあった。タクシーを降りると雨がやんでいる。誕生寺や清澄寺同様、仁王門や祖師堂、仏殿があり、白梅が雨に濡れて光っている。

　傘を持たないだけで視界はぐんと広がり、境内にある一つ一つのものがよく見える。誕生寺でもヤマザクラが咲いていたが、それをじっくりと眺める余裕はなかった。

　タクシーでＪＲ安房鴨川駅に向かう。日蓮が鎌倉に出たルートに忠実に従うなら、房総半島の内陸を横断する長狭街道を経由して保田に出るべきだが、あくまでも「房総三浦環状線」に乗ることを優先させようと考えた。

　安房鴨川駅は、蘇我で分かれた外房線と内房線が再び出合う終着駅だ。互いに反対方向からホームに入るので、一つの線のように見える。一九二九（昭和四）年に房総線（現・外房線）が安房鴨川まで開通し、北条線（現・内房線）とつながったときには、北条線と合わせて「房総線」と称した。地元の新聞はこれを「房総循環線」と呼んでいる（『鴨川市史史料編（二）近・現代』、鴨川市、一九九三年）。

　だが三三（昭和八）年には安房鴨川を境に房総東線、房総西線となり、七二（昭和四十七）年には外房線、内房線となった。線路はつながっていても相互乗り入れはない。駅の時刻表を見ると、外房線は特急が走っているのに対して、内房線は普通しか走っていない。内房線のほうが早く東京から安房鴨川に到達したのに、いまでは外房線のほうが便利なダイヤになっている。

安房鴨川を9時22分に出る内房線上りの普通館山行きに乗る。六両編成の電車は空《す》いている。内房線と言っても、途中の千倉までは太平洋沿いを走るから外房線のようなものだ。

雨はやんでも、波は相変わらず高い。ただ海岸線はなだらかになり、耕地も現れてくる。黄色く染まった菜の花畑が一面に広がり、無人駅のホームにはツバキの赤い花が咲いている。電車に乗っているだけで、一足早い南房総の春を満喫できる。一時間に一本しか電車がなく、並行する高速道路もないこのあたりが、「房総三浦環状線」の沿線で最もひなびている。

千倉からは内陸に入り、久しぶりに街らしい街が見えてきたと思ったら、終点の館山に10時3分に着いた。次の上り電車は10時38分発の普通木更津行きまでない。東京に行く客の多くは本数の多い高速バスを利用するため、内房線は国鉄時代よりもかえって不便なダイヤになっている。これなら安房鴨川から車で長狭街道を経由して保田に出たほうがよほど早かろう。

館山を出ると、再び海が近づいてくる。こんどは太平洋ではなく東京湾だ。遠くにうっすらと三浦半島が見える。ようやく内房線らしい風景になってきた。

しかし海がよく見えそうなところに来るとトンネルに入り、出ると耕地や駅がある。瓦《かわら》屋根の駅舎や屋根のない跨線橋《こせんきょう》は国鉄時代のままだ。客の乗り降りはほとんどない。東京に近い蘇我―君津間を除いて定期の特急が全廃された内房線には、首都圏とは思えないローカル線の趣が漂っている。

安房勝山―保田間では、トンネルに入る直前の右手に保田妙本寺が眺められた。日蓮の孫弟子に当たる日郷《にちごう》（一二九三～一三五三）が建武二（一三三五）年に開創した寺である。日蓮の書状や、日蓮自身が見た可能性の高い「日本図」の写本など、貴重な史料を所蔵している。もともと日蓮宗に属したが、一九五七（昭和三十二）年に日蓮正《しょう》宗《しゅう》となり、九五（平成七）年には日蓮正宗からも独立して単立の宗教法人となっている。

日蓮を祖とする宗教団体には、身延山久遠寺を総本山とし、誕生寺や中山法華経寺などを大本山とする日蓮宗のほかに、静岡県富士宮市の大石寺《たいせきじ》を総本山とする日蓮正宗がある。そのほかに、かつて日蓮正宗に属しながら破門された創価学会や、霊友会、立正佼成《こうせい》会など単立の宗教法人がある。信者数で言えば、創価学会が最大だろう。しかし、日蓮宗→日蓮正宗→単立という遍歴をたどった寺は珍しいのではないか。

長狭街道の踏切を渡ると保田に着く。保田―浜金谷間では鋸山《のこぎりやま》の下をトンネルでくぐり抜ける。ロープウェーが通じるこの山は、山全体が日本寺《にほんじ》という寺の境内に属している。寺の宗派は法相宗、天台宗、真言宗、曹洞宗と変わっても、日蓮宗に属したことはない。日蓮は間違いなくこの寺の近くまで来ているはずだが、いかなる関わりも持ちはしなかった。

11時7分、東京湾フェリーの金谷港に近い浜金谷に着く。駅を降り、海に向かって歩いてゆくと、内房線に並行する国道１２７号に出る。その一角に、人だかりのできた店があった。「ラーメン　定食　さすけ食堂」という看板が見える。

ここの名物はアジフライ定食のようだ。待っている人数からすると、店に入るまでに少なくとも数十分はかかりそうに見える。結局あきらめ、金谷港を正午に出るフェリーに乗った。

浦賀水道は狭い。たったの四十分で、対岸の久里浜港に着いてしまうからだ。日蓮が生きていた当時、現在の東京のあたりは、まだ湾が複雑に入り組む湿地帯だった。むしろ、浦賀水道を介して鎌倉とつながる安房のほうが、行き来がしやすく、政治の中心に近かったのである。

久里浜港に着いた。さすがに横須賀市で、金谷港の周辺に比べるとにぎわっている。少し歩くと「ペリー公園」があり、ペリー上陸の記念碑が建っている。あたかもそれは、古都鎌倉に対抗し、日本の近代が横須賀から始まったことを主張しているかのように見える。

ペリー公園に近い「黒船食堂」でさっき食べられなかったアジフライ定食を食べ、ＪＲ横須賀線のターミナルとなっている久里浜駅に向かう。

一時間に一本しかなかった内房線とは異なり、二十分に一本ある。しかも次に出る13時44分発の成田空港ゆきは十一両編成でグリーン車まで付いている。さらに逗子からは十分に一本となり、四両増結して十五両になる。

逗子を出て名越《なごえ》トンネルを通り抜けると、いよいよ鎌倉市内に入る。日蓮関係の寺や史跡は、ほぼすべて横須賀線の線路の東側にかたまっている。

鎌倉駅の東口は、これまでに見たどの駅前よりも多くの客でごった返していた。特急停車駅なのにタクシーが一台停まっていただけの安房小湊の駅前とは天と地ほどの落差がある。政治の中心でなくなってから、もう七百年近くが経《た》っているようには見

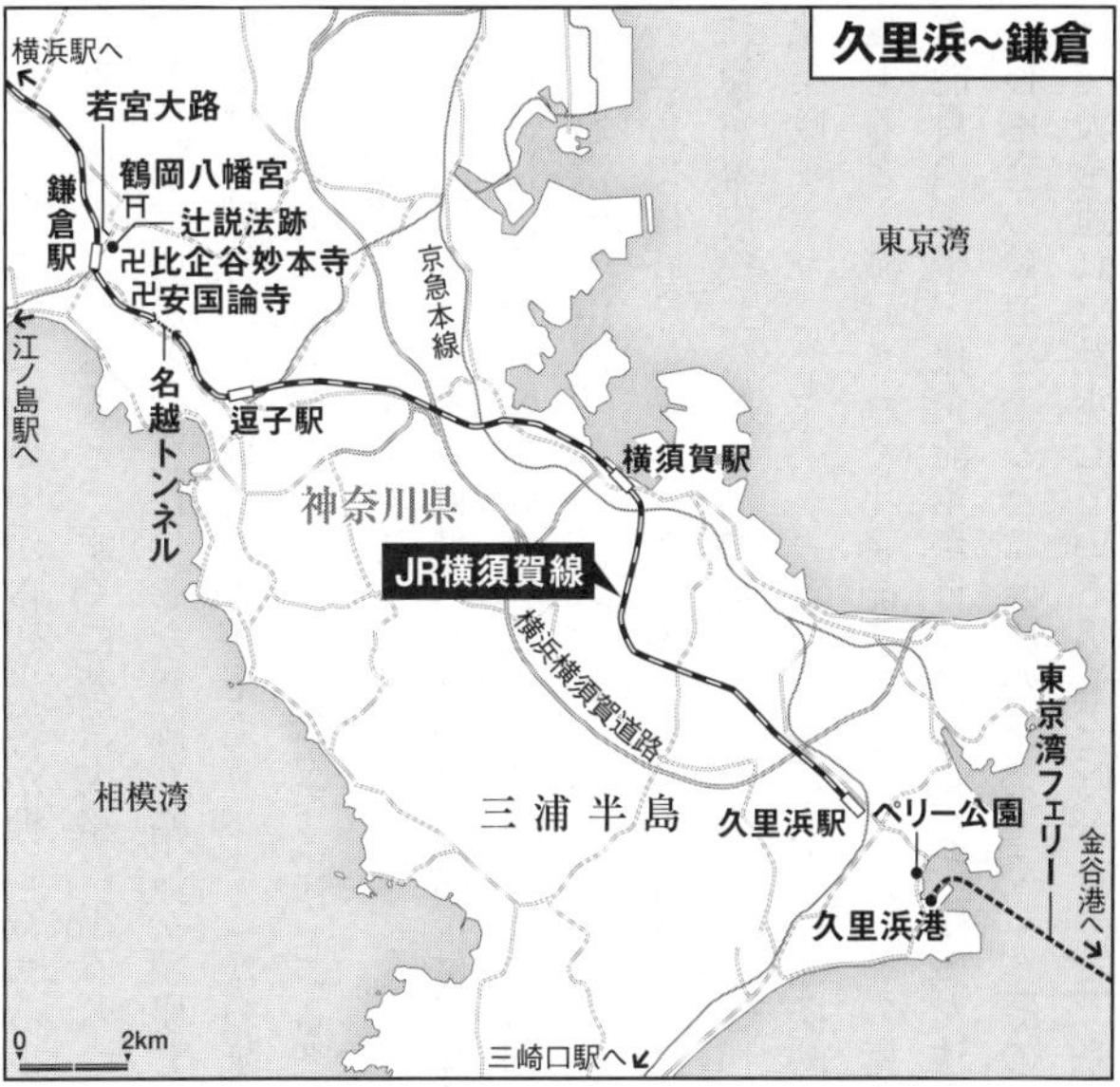
久里浜～鎌倉
横浜駅へ
若宮大路
鶴岡八幡宮
鎌倉駅
辻説法跡
比企谷妙本寺
安国論寺
江ノ島駅へ
名越トンネル
逗子駅
京急本線
東京湾
横須賀駅
神奈川県
JR横須賀線
横浜横須賀道路
相模湾
三浦半島
久里浜駅
ペリー公園
東京湾フェリー
金谷港へ
久里浜港
0
2km
三崎口駅へ

えない。いまでは世界中から観光客が押し寄せるようになっている。

東に向かって歩くと、すぐに若宮大路に出る。その突き当たりには、八幡大菩薩が移り住んでいると日蓮が信じた鶴岡八幡宮が鎮座している。当時の鶴岡八幡宮は、地勢的にも精神的にも鎌倉の中核であり、そこから延びる若宮大路は鎌倉のメインストリートであった（前掲『日蓮』）。安房では決して見ることのできないこの光景に、日蓮は圧倒されたにちがいない。

若宮大路より一本東側に当たる小町大路には日蓮辻説法跡が残っていて、さらにその東側には比企谷《ひきがやつ》妙本寺がある。同じ妙本寺でも保田妙本寺とは異なり、れっきとした日蓮宗の本山だ。

鎌倉では谷を「やつ」と読み、谷戸を意味する。比企谷と呼ばれているのは、ここに鎌倉幕府第二代将軍、源頼家（一一八二～一二〇四）の外戚《がいせき》として権勢を握りながら、北条政子（一一五七～一二二五）の父に当たる北条時政（一一三八～一二一五）により一族もろとも滅ぼされた比企能員《よしかず》（?～一二〇三）の屋敷があったからだ。唯一《ゆいいつ》生き残った能員の末子、比企能本が日蓮に帰依して建てた法華堂が、妙本寺の前身だという。

杉木立の参道を上ると二天門が見えてくる。その脇で江木さんが「おや」と声をあげ、犬を連れて散歩している男性を呼びとめた。私は面識がないが、文藝春秋の元社長、松井清人さんだった。二天門を入って祖師堂に向かおうとすると、こんどは和服姿の若い男女が、カメラマンを相手にポーズをとっている。どうやらウェディングのための写真を撮っているらしかった。

さすがは鎌倉と言うべきか、誕生寺や清澄寺ではあり得ないことが次々に起こる。日蓮の足跡をたどるはずが、一挙に現実へと引き戻されてしまう。

妙本寺からタクシーで安国論寺に向かう。隣接する長勝寺や妙法寺と並び、日蓮が鎌倉で布教するに際して拠点とした草庵の跡とされる寺だ。

境内には、蒙古《もうこ》襲来を予言した書として名高い『立正安国論』を起草した「御《ご》法《ほう》窟《くつ》」や、その内容がもとで浄土宗系の念仏者たちに草庵を焼き打ちされる「松葉ヶ谷の法難」に際して避難した「南面窟」が残っている。鎌倉駅からは遠いせいか、観光客の姿は見当たらなかった。

このあたりの町名はいまでこそ大きな町を意味する大町に含まれているが、もとは名《な》越《ごえ》と言った。名越切通《きりどおし》と呼ばれる鎌倉時代の山道が残っている。安国論寺からも近いこの山道は、横須賀線の線路脇の住宅地から突然始まっていた。シダの緑も鮮やかな坂道を登ってゆく。清澄寺の旭が森に比べれば雨や風がないだけ楽だ。余計なことを言わず、史跡を回る姿勢に徹したからだろうか。

しばらく登ると、鎌倉方面から延びてくる横須賀線の下り線路を俯《ふ》瞰《かん》できる地点に到達した。線路は名越トンネルで切通の真下を通り抜け、逗子へと至っている。久里浜発の電車で通ったばかりの上り線路はいくぶん離れていて、見ることができない。

日蓮が初めて安房を出て鎌倉に留学したのは、数え十七歳だった暦仁《りゃくにん》元（一二三八）年頃。衣笠《きぬがさ》道と呼ばれる道を通り、名越切通から鎌倉に入ったとされている。とすれば、日蓮は初めてこの地点から、鎌倉の街を眺めたことになる。仁治《にんじ》三（一二四二）年に安房から比叡山に赴いたときも、再び同じ地点から同じ風景を眺めたはずだ（中尾堯《たかし》『日蓮』、吉川弘文館、二〇〇一年）。

遠くで踏切の警報音が鳴ったかと思うと、十五両編成の電車が近づいてきて、トンネルへと吸い込まれていった。日蓮が通った道の真下を、十分に一本の割合で電車が通過してゆく。十三世紀の道は、二十一世紀の「線」につながっている。「房総三浦環状線」と日蓮の関係は、実に深いのである。

六　「裏」の山陽をゆく

新幹線が開業すると、人の流れが変わる。並行する在来線の特急や急行は全廃され、新幹線を利用せざるを得ないダイヤに変わるからだ。

それは神戸と門司の間を結ぶJR山陽本線でも同様である。一九七二（昭和四十七）年三月に山陽新幹線の新大阪―岡山間が、次いで七五年三月に同線の岡山―博多間が開通すると、山陽本線から昼間の特急や急行がほぼ消えてしまった。

山陽新幹線は、岡山や福山、尾道、広島、岩国、徳山（周南）といった主要都市をショートカットして結ぶ。岡山の後楽園、福山の鞆《とも》の浦、尾道の千光寺（大宝山）、広島の原爆ドーム、岩国の錦帯《きんたい》

橋《きょう》など、山陽を代表する観光名所が、駅の周辺にほぼ集まっている。

岡山から近い倉敷や広島から近い宮島（厳島《いつくしま》）も含めて、これらは「表」の山陽と言える。けれども新幹線の車窓から瀬戸内海はほとんど見えず、駅と駅の間では長いトンネルが乗客の視界をさえぎっている。

一方、山陽本線は、山陽新幹線同様、瀬戸内海沿いの都市を結びつつも、新幹線のような長いトンネルはない。時には瀬戸内海ぎりぎりの岸壁に沿って走り、時には山陽とは思えないほど深い山間部へと入ってゆく。

山陽新幹線に乗っているだけではわからない陰影に富む車窓風景の数々は、実に見ごたえがある。しかし車内は岡山―倉敷間や広島―宮島口間など、観光地を通る一部の区間を除いてほぼ地元客しか乗っていない。ここには「裏」の山陽があると言える。

とはいえ歴史をさかのぼれば、下関で釜山《プサン》ゆきの関釜《かんぷ》連絡船に接続する山陽本線こそ、東京と朝鮮半島や中国、さらにはヨーロッパを結ぶ交通の大動脈であった。明治から戦後にかけて、歴代の天皇を乗せた御召列車がこの線を通ったことも一度や二度ではなかった。

新幹線がトンネルで通過する山陽本線沿線の内陸部では、幕末から昭和にかけて、民衆のなかから新宗教が相次いで発生し、本部を置いた。大正時代には、事実上の天皇の暗殺を試みるテロリストが沿線で育った。戦前から戦後にかけては、神道《しんとう》系の新宗教の教団が沿線の山を「聖地」とした。

「裏」の山陽には、「表」の山陽にはない近現代思想史の地下水脈が流れているのだ。岡山県から山口県まで、途中新幹線も使って山陽本線を乗り継ぎ、そうした水脈を探ってみたいと思った。

二〇一九（令和元）年五月三十一日、新横浜を8時49分に出る博多行きの「のぞみ

月を見

あさのあつこ

高校二年生の鈴美は痴漢から守ってくれた上
だが比呂には、誰にも言えない悩みがあって……。まぶしい青

737円
135132-2

真夜中のたずねびと

恒川光太郎

震災孤児のアキは、占い師の老婆と出会い、星降る夜のバス停で、死者の声を聞く。闇夜の怪異に翻弄される者たちの、現代奇譚五篇。

※『愛しのシャロン』改題

781円
101463-0

号泣

前川 裕

怖すぎて、読んだ後、口がきけませんでした（担当者）。どん底の共同生活、戦慄の贈り物。恐怖を超える涙が溢れる傑作！

737円
132540-8

こどもホスピスの奇跡

新潮ドキュメント賞受賞

石井光太

必要なのは子供に苦しい治療を強いることではなく、残された命を充実させてあげること。日本初民間子供ホスピスを描く感動の記録。

880円
104551-1

地上に星座をつくる

石川直樹

この瞬間はもう二度と経験できない——未知の世界を旅した7年の軌跡。

693円
104561-0

国道16号線

——「日本」を創った道——

柳瀬博一

横須賀から木更津まで東京をぐるりと囲む国道。このエリアが、政治、経済、文化に果たした重要な役割とは。刺激的な日本文明論。

737円
134582-6

「線」の思考

——鉄道と宗教と天皇と——

原 武史

鉄路だからこそ見えた！ 歴史の死角に隠された地下水脈をめぐる旅。

35円
71-9

今月の新刊

2023.5

この感情は何だろう。 新潮文庫

17号」に乗る。後藤結美さん、江木裕計さん、中島輝尚さんは東京から乗っていて、車内で合流する。窓から見える空は曇っていて、時折薄日もさしている。

ところが岡山に11時50分に着くと、天気予報に反して雨が降っていた。正直、また雨かと思う。

岡山駅の名物駅弁は「桃太郎の祭ずし」だ。弁当売り場で買おうとすると、前々回に和歌山駅で「小鯛寿司《こだいずし》」を買わなかったことを悔やんでいた江木さんが、「祭ずしプレミアム」にしましょうと言う。祭ずし生誕55周年記念として特別に売られているものだ。

祭ずしというのは、岡山県の郷土料理「ばら寿司」に由来する。要するにちらし寿司のことだが、普通の祭ずしに比べると具材の海老《えび》がとびきり大きい。桃の形をしているプラスチックの容器も、普通はピンクだがプレミアムはゴールドで、贅沢《ぜいたく》感がある。

岡山12時13分発の山陽本線上り普通相生《あいおい》行きに乗る。「表」から「裏」に乗り換えたことになる。東京方面に戻る形になるが、最初の目的地である熊山《くまやま》に行くには、すべての「のぞみ」が停まる岡山で降りるほうが便利なのだ。

山陽本線は東海道本線とは異なり、通勤用のロングシートの車両がほとんどないので、弁当を食べるには都合がよい。私たちは向かい合わせの座席で弁当箱を開けた。大きな海老二きれがご飯の上に君臨し、その周りにイクラやタコ、ママカリ、錦糸《きんし》玉子、焼き穴子、椎茸煮《しいたけに》などが彩《いろど》りを添えている。酢飯も岡山県産の朝日米を使用するというこだわりようだ。いったん箸《はし》をつつくや止まらなくなり、あっという間に完食。気がつくとほぼ同時に全員が平らげていた。

この間に電車は新幹線と分かれてどんどん内陸に入ってゆき、吉井川の長い鉄橋を渡って12時40分、熊山に着いた。もともと岡山県和気郡熊山村、次いで赤磐《あかいわ》郡熊山町にあったが、二〇〇五年からは周辺の三町と合併した赤磐市で唯一《ゆいいつ》の駅となっている。熊山駅では、明治末期の鉄道院時代につくられた跨線橋《こせんきょう》がいまも使われている。山陽本線では、百年を超える駅舎や跨線橋や屋根がそのまま使われている駅は決して珍しくはない。

駅前に予約したタクシーが一台停まっていた。Tシャツ姿の運転手に、「熊山遺跡まで」と告げる。

熊山という駅名は、標高五〇八メートルの熊山に由来する。その山頂付近にあるのが熊山遺跡だ。奈良時代前期に建造された仏教遺跡とされている。

しかし熊山遺跡を訪れたいと思ったのは、大正、昭和初期に二度にわたって弾圧さ

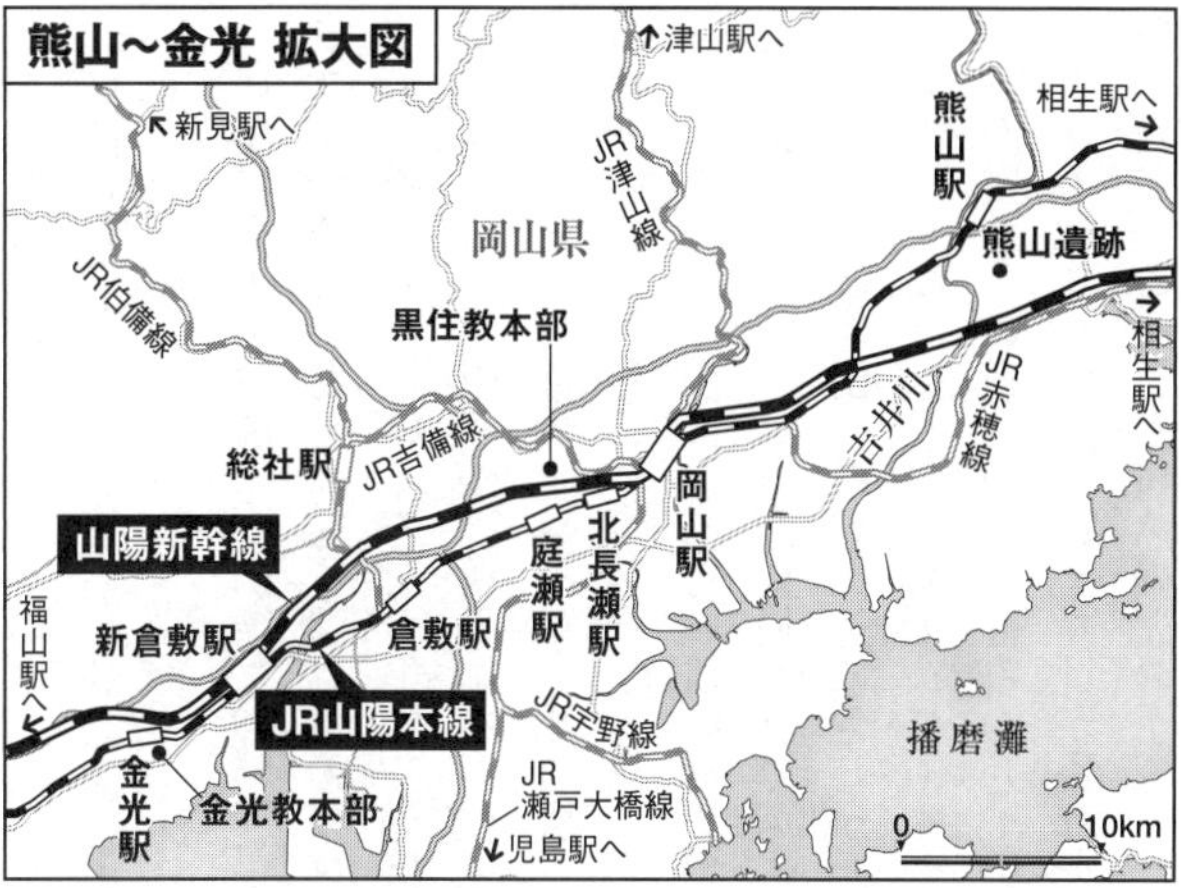

れた大本《おおもと》教団で聖師と呼ばれた出《で》口《ぐち》王《お》仁《に》三《さぶ》郎《ろう》（一八七一～一九四八）が、ここをスサノヲ（素盞嗚尊）の陵《みささぎ》とし、たびたび言及していたからだ。

王仁三郎は「素尊御陵」（『月鏡』、第二天声社、一九三〇年所収）のなかでこう述べている。

岡山県和気郡熊山の山頂にある戒壇は、神素盞嗚大神《かんすさのをのおおかみ》様の御陵である。古昔出雲《いずも》の国と称せられたる地点は、近江《おうみ》の琵琶湖以西の総称であつて、素盞嗚大神様のうしはぎ給《たも》うた土地である。湖の以東は天照大神様の御領分であつた。（中略）素盞嗚大神様は八頭八尾の大蛇《おろち》を御退治なされて後櫛稲田姫《くしなだひめ》と寿賀の宮に住まれた。尊百年の後出雲の国の中、最上清浄の地を選び、御尊骸《そんがい》を納め奉《たてまつ》つた。これ備《び》前国《ぜんのくに》和気の熊山である。大蛇を断られた十握《とつか》の剣も同所に納まつて居るのである。

いかにも王仁三郎らしい、「不敬」に満ちた文章である。天皇の先祖であるアマテラスが治めていたのは琵琶湖以東の東日本だけで、琵琶湖以西の西日本は弟のスサノヲが治めていたというのだ。王仁三郎は自らをスサノヲになぞらえていたから、この文章は東日本を天皇が、西日本を王仁三郎が治めると言っているようにも見える。王仁三郎にとって熊山遺跡とは、出雲大社と並ぶ西日本の「聖地」にほかならなかった。

一九三〇（昭和五）年五月二十日、王仁三郎は熊山駅より一つ岡山寄りの万富《まんとみ》駅で降り、歩いて熊山に登っている（熊山駅が開業するのは同年八月十一日）。現在は熊山駅から山頂付近まで、車道が整備されている。

タクシーは熊山への登山道にさしかかる。車一台がやっと通れるほどの細い道で、急カーブを繰り返しながら上ってゆくが、深い森に覆《おお》われていて視界はきかない。轍《わだち》の跡が残らない道の中央部は苔《こけ》むしている。

木々の向こうに池が見えた。かなり大きい。瀬戸内に多いため池のはずだが、森に覆われているせいか自然の湖のようだ。神秘的な空気を感じる。

基盤の上に三段の石積みがされたピラミッドのような熊山遺跡。

駅から二十分ほど走ったところで、ようやく山頂付近の駐車場に着く。

ウグイスが鳴いている。まだ雨はやまない。山頂に通じる道を歩いてゆくと、右手に石段が現れた。王仁三郎もかつて参拝した熊山神社に通じる参道に違いない。長らく帝釈山《たいしゃくさん》霊山寺という寺だったが、明治になって神社に変わった。スサノヲの子であるオオクニヌシ（大国主神）を祭神としている。

さらに天然杉の巨木が林立する道を歩いてゆく。まもなく視界が開け、広場のような空間が現れた。その奥まったところに、正方形の石積みが三段重なった建造物が見えた。

国指定史跡の熊山遺跡である。まわりが

手付かずの自然に囲まれているため、幾何学的な構造物がいっそう異様に見える。一瞬、「ピラミッドか」と錯覚したほどだ。

——これの戒壇に永久《とことわ》に鎮《しず》まり給ふ掛けまくも綾《あや》に畏《かしこ》き主《す》の大御神の珍《うず》の大前に謹み敬ひ畏《かしこ》み〳〵も申さく

王仁三郎は、熊山遺跡の前で朗々と祭文を読み上げた。天皇が皇居の宮中三殿（賢《かしこ》所《どころ》・皇霊殿・神殿）や伊勢神宮で読み上げる御告文《おつげぶみ》に似ているが、「主の大御神」はアマテラスではなくスサノヲを指している。

しかし地元の赤磐市が立てた案内板には、スサノヲについての説明はいっさいない。大本教団の記念碑らしきものも見当たらなかった。

近くの展望台からは、吉井川や岡山市街が眺められた。晴れていれば瀬戸内海や小豆島も見えるというが、あいにく厚い雲が邪魔をしている。

駅から歩いて来たらしい中高年のグループがいた。同じ岡山県の倉敷から来たという。眼下の景色を見ながら、知らない固有名詞が次々に出てくる。会話から察するに、彼らは大本の信者ではなく、王仁三郎と同じルートを体験するために登ったわけでもないようだった。

熊山を14時10分に出る下り普通電車は、終点の岡山に14時38分に着いた。同じホームで待っている14時41分発の備中高梁《たかはし》行きの普通電車に乗り換え、一つ目の北長瀬で降りる。二〇〇五年開業の比較的新しい岡山市内の駅だ。

雨は止《や》んだがまだ曇っている。タクシーがいないのであわてて呼び、神道山《しんとうざん》の黒住《くろずみ》教本部に行くよう告げる。

黒住教というのは、天理教やこのあと触れる金光《こんこう》教などと同様、幕末に興隆した民衆宗教の一つで、岡山にいた黒住宗忠《むねただ》（一七八〇～一八五〇）が始めた新宗教である。文化十一（一八一四）年の冬至の日、宗忠は昇る朝日に向かって拝んだときに、自らの生命と朝日の陽気が合一する体験を味わい、「神人不二」「神人一体」の妙理を悟った。黒住教ではこの日を、天地宇宙の最高神である「天照大御神」が、黒住宗忠に「天命」を直接伝授した日としている。

スサノヲではなくアマテラスを重視する点で、黒住教は後の国家神道に通じるものがあるが、宗忠にとってのアマテラスはあくまでも太陽そのものであり、天皇の祖先であるがゆえに信仰しているわけではなかった。

黒住教の教主が陽気を吸い込み、病気治しを試みる様子を目《ま》のあたりにした柳田國男は、「体の悪い村人が訪れると、太陽の方を向いて深く息をすい込み、病人の患部に吹きつけるという動作をくり返した」と述べている（『故郷七十年』、講談社学術文庫、二〇一六年）。

　実は黒住教の本部には、一九九〇（平成二）年に一度訪れたことがある。修士論文の資料収集のためであった。二十九年ぶりに訪れた本部は、当時の記憶を大きく裏切っていた。

　その一つが参道の脇《わき》に設けられたベルコン式の動く歩道である。近づくと自動的に動き出し、山の上にある大教殿まで行ける仕組みになっている。

自然に覆われた山中を行く点では、熊山遺跡と変わらない。だが熊山に比べると、神道山の標高は一二〇メートルとはるかに低く、木々は全体的に人の手が加わっていて、清掃も行き届いている印象を受ける。

　大教殿は五百坪、三百畳敷きの巨大な神殿だ。アマテラスのほか、八百万《やおよろず》神と「教祖宗忠神」、すなわち黒住宗忠がまつられている。

　さらに上りの動く歩道が続いている。ここだけ故障しているのか歩いて上ってゆくと、イベントの舞台になりそうな空間に出る。ここが神道山の山頂で、朝日を拝む「日拝所」のようだ。太陽が昇る東方だけが開けていて、岡山市の中心部が見渡せる。晴れていれば、瀬戸内海を眺めることもできるという。

日拝所では毎朝、教主を先達に朝日を拝む「日拝式」が行われる。令和に改元された五月一日の日拝式では、「大祓詞《おおはらえのことば》が厳かに奉唱され、教主〔黒住宗道〕様が今上陛下の弥栄《いやさか》と令和の御代の安寧を祈る祝詞《のりと》を奏上された」（「令和元年初日の出践祚《せんそ》改元奉祝祭」、『日新』二〇一九年六月号所収）。

素朴な太陽神信仰と天皇崇拝は、決して矛盾しないのだ。天皇に対抗し、自らをスサノヲになぞらえた出口王仁三郎とは、この点が異なる。

けれども、約三〇万平方メートルの境内に、人の姿はほとんどなかった。岡山駅と本部の間を結ぶバスも、平日に二本、土休日に四本しかない。このこと自体、黒住教の信者の少なさを反映しているように思われた。

山を下り、タクシーで庭瀬《にわせ》に向かう。北長瀬よりも一つ広島寄りの山陽本線の駅である。神道山は北長瀬と庭瀬の中間にあり、下り電車に乗るには庭瀬に出るほうが早い。

15時44分発の三原行き普通電車に乗り、五つ目の金光《こんこう》で降りる。岡山県浅口《あさくち》市の駅だ。熊山駅同様、鉄道院時代の跨線橋がかかっている。

駅名が示す通り、金光教の本部がこの駅の南側にある。岡山県内では黒住教と金光教という二つの新宗教が幕末に相次いで起こったことになる。

安政六（一八五九）年に赤沢文治《ぶんじ》（後に川手家の養子となり、文治郎と改名。一八一四〜八三）が天地《てんち》金乃《かねの》神《かみ》から「農業をやめて、難儀な氏子（人間）を取り次ぎ助けてやってくれ」との頼みを受けたのが金光教の始まりとされている。教祖の赤沢は金光大神（ないしは生神金光大神）と呼ばれ、天地金乃神と並ぶ金光教の祭神とされている。

黒住教のアマテラスとは異なり、天地金乃神は記紀神話に出てこない。金光教ではこの神を、万物を生かし育《はぐく》む独自の神として拝んでいる。

もともと金光教は黒住教よりも信者数が多く、金光駅には団体列車が発着できる専用ホームがあった。宗教団体のための専用ホームがあるのは、金光駅を除けば、かつて創価学会の団体列車が発着していたＪＲ身延線の富士宮駅と、天理教の団体列車が発着するＪＲ桜井線の天理駅しかなかった。

ところが久しぶりに降りてみると、専用ホームがなくなっていた。現在も大祭や記念祭などの際には団体列車が発着するようだが、ホームの数が少なくなった分、さびれた印象を受けた。

北口を出て山陽本線を跨《また》ぐ歩道橋を渡り、里見川を越えると、そこはもう金光教の本部だ。どこかの門前町のように商店街が形成されている。

多少の起伏はあるものの、熊山や神道山ほどの高低差はない。二〇一九年は安政六年の立教からちょうど百六十年で、商店街には「奉祝立教160年」の横断幕が掲げられている。だがアーケードの屋根は錆《さ》びつき、「ナショナル住宅設備」と書かれた看板は昭和のままだ。完全に時間がとまっている。通行人の姿を見かけることもなかった。

　金光教では、参拝した個々の信者に向かって教主が言葉を述べることを、「取次《とりつぎ》」という。そのほとんどは私的な相談に対する返事のようだ。

　本部には、五代教主の金光平輝《へいき》（二〇二一年三月に退任し、六代教主の金光浩道に交代——後注）が毎日出仕して取次を行う会堂（「本部広前」と呼ばれる）のほか、一万人以上を収容できる祭場、研修施設である修徳殿、教祖の居宅を復元した立教聖場などの建物が整然と並んでいた。

　教主が退出する時刻が迫っているせいだろうか。会堂の前では、黒い服を着た若い信者たちが、黙々と清掃作業に励んでいた。取次を受けた信者もいるはずだが、ほとんど見かけない。これでは、教主が毎日取次をする必要もないように思われた。

　かろうじて開いていた小川屋という菓子店で、後藤さんが金光饅頭《まんじゅう》を四人分買ってくださる。金光駅に降り立った信者たちが必ず買ったに違いない、「金」という文字の入った教紋が印されたこし餡《あん》の饅頭であった。

金光17時7分発の糸崎行き普通電車に乗り、途中の福山で山陽新幹線の「のぞみ39号」に乗り換えると、広島に18時4分に着いた。今夜は、広島市中心部の平和通り沿いにあるホテルに泊まることになっている。

広島県は江木さんの出身地だ。前回広島を訪れたときにはお好み焼きがハズレだったと話したところ、人脈を駆使していま一番うまいというお好み焼き店を探してくださった。

ホテルに荷物を預け、歩いて店に向かう。もう午後七時になろうとしているのにまだ明るい。東京とは日の入りの時刻が三十分近くも違う。

目の前を広島電鉄宇品《うじな》線の路面電車が通り過ぎる。人口百万人以上の大都市で、広島ほど路面電車が発達している日本の都市はない。中心街を頻繁に行き交う電車を見ていると、まるで三度訪れたことのあるポーランドの首都ワルシャワにでも迷い込んだような錯覚に陥る。

その店は、中電（中国電力）前の電停からほど近い一角にあった。この日はマツダスタジアムで広島―阪神戦のナイターがあり、テレビにはその模様が映し出されている。店内は早くも広島ファンらしき客で埋まっているが、江木さんに言わせれば店員がテレビに気をとられていないだけまだましだそうだ。

まずは定石通りに「肉玉そば」を注文。テーブルに鉄板があって自分たちで作るのではなく、カウンターで店員が作ったお好み焼きをテーブルまで持ってきてくれるのが広島流だ。

ヘラで適当な大きさに切って食べてみる。ふわりとした食感だ。中にはさまったそばは非常に細いが、ぎゅっと凝縮していて、嚙《か》むたびに口のなかでほどけてゆく。豚肉やキャベツや青ねぎ、そしてやや甘めのソースが味を引き立てる。

ほかにも豚もやし炒《いた》め、焼きギョウザ、イカ焼などを注文し、ねぎをトッピングした「肉玉うどん」で締めとした。うどんはそばよりは太い。それでも一般のうどんよりは細い。江木さんはうどんを注文したことはないと言うが、これならそばでも通用しそうだ。

ラーメンもそうだが、当たりの店は食後が違う。口のなかにしつこく後味が残ったり、喉《のど》が渇いたりすることがないからだ。この店もそうだった。私は結局水を一杯も飲まないまま、安らかに眠ることができた。

目を覚ましてブラインドを上げる。時計の針は午前六時半を指している。

今日から六月。窓の外には、晴れわたった空のもと、広島の中心街が広がっている。朝から日差しが強い。ようやく天気に恵まれたようだ。

午前八時半、タクシーで広島駅に移動する。今日は山陽本線の下り電車を乗り継ぎ、瀬戸内海沿いを西に向かうことになっている。

途中で食堂がなさそうなので、途中の宮島口でいったん下車し、名物の「あなごめし」を買っておこうと考えた。この日、途中まで同行する田中比呂之さんの分も合わせて、五人分の駅弁を後藤さんが予約してくださった。こうすると、できたての駅弁をすぐに受け取ることが可能になる。

ところが、広島8時53分発の普通南岩国行きに乗るつもりで山陽本線の下りホームに行くと、まだ8時45分発の普通五日市行きが停まっている。駅員は、二つ先の横川《よこがわ》駅で前の電車が車両点検を行っているため発車できないと説明している。これでは宮島口で降りて駅弁を買うことができなくなる。後藤さんが田中さんに電話したところ、幸いにも一足早く宮島口にいるとのこと。代わりに駅弁を受け取るようお願いする。

普通南岩国行きは、結局十分遅れて広島駅を発車した。山陽本線にしては珍しく、車内には宮島に行くとおぼしき外国人を含む観光客の姿が見られる。途中で前の電車との間隔が詰まって徐行したせいか、宮島口に着いたときには遅れが十三分に拡大していた。

宮島に行くには、宮島口で降りてフェリーに乗る必要がある。案の定観光客が大勢降り、代わりに田中さんが五人分の駅弁を持って乗ってきた。鉄道マニアとして山陽本線の各駅に降りては駅舎を撮影する旅を続けていて、宮島口に早く出掛けたのもそのためだったという。彼の趣味に救われたわけだ。

宮島口を過ぎると、左手に国道2号をはさんで瀬戸内海の大野瀬戸や厳島神社の鳥居がちらちらと見え、背後の宮島が大きく迫ってくる。島で開発されているのは厳島神社の周辺だけで、あとは原始林に覆われている。

宮島の最高峰は、標高五三五メートルの弥山《みせん》だ。熊山同様、古くから信仰の対象となっている。山陽本線といえば海のイメージが強いが、沿線には宗教的な山がいくつもあるのだ。

岩国では、9時56分発の普通下関行きが、発車時刻を過ぎても待っていた。南岩国行きの電車にそのまま乗り、終点まで行くという田中さんと別れ、下関ゆきに乗り換える。

海側の座席に陣取ると、まもなく瀬戸内海が寄り添ってくる。線路が岸壁ぎりぎりに敷かれているから、波打ち際《ぎわ》を走っているように見える。沖合を行き交う船もはっきりとらえられる。後藤さんが歓声を上げながら、スマホで動画を一心に撮影している。

瀬戸内海で淡路島、小豆島に次いで大きい周《す》防《おう》大島（屋《や》代島《しろじま》）が迫ってくると、海が大畠《おおばたけ》瀬戸と呼ばれる海峡となり、大畠という駅に着く。周防大島との間は、トラス橋の大島大橋で結ばれている。このあたりが、山陽本線の車窓の白眉《はくび》ではないかと思う。

江戸時代に築かれた白壁の町並みが残る柳井《やない》を過ぎると、電車は内陸部に向かい、定刻より八分遅い10時42分、田《た》布《ぶ》施《せ》に着いた。山口県熊毛《くまげ》郡田布施町の中心駅である。駅前には、予約していたタクシーが待っていた。こんどは制服を着た女性の運転手だった。石城《いわき》山に向かうよう告げる。講談社のＰＲ誌『本』に連載していた「鉄道ひとつばなし」の取材のためにここを訪れたのは二〇〇九年二月一日だったから、ほぼ十年ぶりの再訪ということになる。

石城山には、巨石を一列の帯状に並べて、山の中腹から八合目あたりを鉢巻状に取り囲んだ「神籠《こうご》石《いし》」と呼ばれる古代の大土木工事の遺跡があり、国指定史跡となっている。こうした遺跡から、石城山は古代に山城が建てられた可能性が高いとされている。

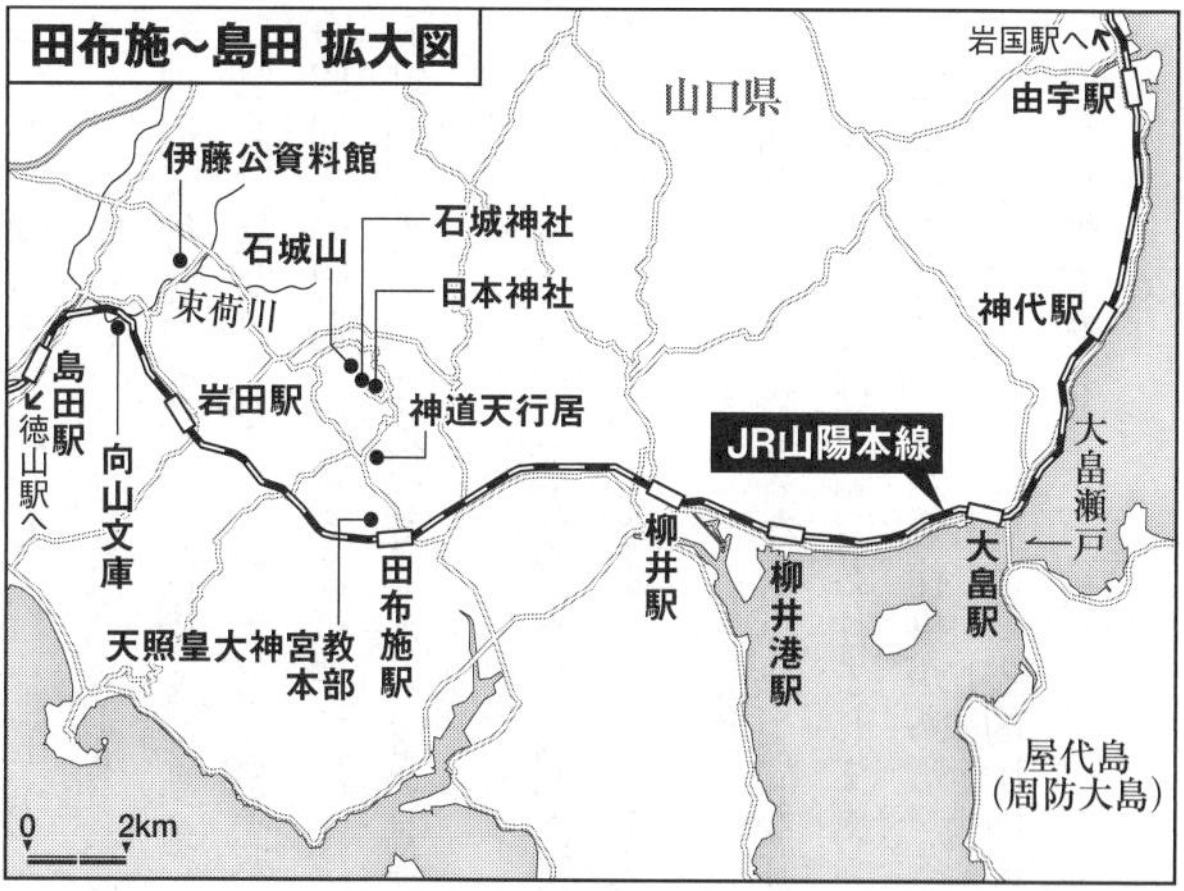

ただ単なる山城ではなかったことは、山上に敏達《びだつ》天皇三（五七四）年の鎮座と伝えられる石城神社があることからもわかる。ここは熊山や弥山同様、古くから宗教的な山でもあった。

　しかし宗教的な性格が強まったのは、神道系の教団である「神道天行居《しんどうてんこうきょ》」を創始した友清歓真《ともきよよしさね》（一八八八〜一九五二）が、一九二八（昭和三）年に石城山麓《さんろく》に本部神殿を、次いで二九年に石城山頂に「日本《やまと》神社」を建立《こんりゅう》してからである。これ以降、神道天行居は多くの神社を日本神社の周辺に建設し、既存の石城神社やその末社、摂社と合わせて、「石城山神域」と称してきた。

　友清歓真はもともと大本の信者であ

ったが、開祖の出口なお（一八三七〜一九一八）亡《な》き後に教団を率いた出口王仁三郎と対立して脱退し、一九二〇（大正九）年に霊学の実践団体「格神会」を結成した。後の神道天行居である。石城山を「聖地」としたことについては、二八（昭和三）年に「わが天行居の千万世にわたるべき本城と神定められたる聖地も時節到来して新たに全国同志の眼前に出現するに至つた。実にこれ、太古以来の因縁の霊地たる周防国の石城山である」と述べている（「霊の世界観」、『友清歓真全集』第五巻、八幡書店、一九八八年所収）。

さらに友清は、「未《いま》だ歴史にも曾《かつ》て経験なき大戦争」を予言するとともに、石城山が「霊的国防」の中心となったことを力説する。

我国としては為政者なり軍事当局なりがそれ〴〵空に陸に海に適当の施設を為《な》さねばならぬことは勿論《もちろん》でありまして更らに重大なる仕事として全国の天行居同志の上に命ぜられて居る処《ところ》の仕事がある。それは一言にして申しますと霊的国防の完成でありまして、日本に於《お》ける霊的国防の参謀本部ともいふべきものは此の石城山に確定したのであります。（同）

言うまでもなくこうした思想は、出口王仁三郎にはない。おそらく友清は、石城山で霊的国防を完成させた日本が第二次世界大戦で勝利し、天皇を中心とした「世界維新」がなされることを期待していたに違いない。

田布施駅を出たタクシーは、石城山の麓《ふもと》にさしかかった。道沿いに神道天行居の本部が見える。見たところ普通の住宅のようで、人の気配は全くない。ここが宗教団体の本部だとは、よほど注意していないとわからないだろう。

道がいっそう細くなり、熊山同様、つづら折りの上り坂が続く。木々が邪魔していて視界はきかない。しばらく進むと田布施町から光《ひかり》市に入り、キャンプ場が現れた。山頂に近いが、車道が通じているのはここまでだった。

またウグイスが鳴いている。

参道を歩いてゆく。藁葺《わらぶ》き屋根の山門をくぐると石城神社があった。鬱蒼《うっそう》とした森に覆われている。本殿は文明元（一四六九）年の造営で、国の重要文化財に指定されている。

いったん引き返し、前に訪れたときの記憶をもとに歩いてゆくと、果たして神社が次々に現れた。

中には古い社殿のすぐ横に、それとそっくりな新しい社殿が建っているところもあった。前者は石城神社の末社、後者は昭和になって神道天行居が建てた磐山《ばんざん》神社という神社だった。磐山は友清歓真の号だから、祭神は友清自身ということになるのだろう。

同じく神道天行居が建てた葦原《あしはら》神社という神社もあった。葦原は日本の古称である葦原中国《あしはらのなかつくに》のことだろう。しかし池のなかに赤い鳥居が立っているさまは、山陽本線の車中から眺めたばかりの厳島神社を小さくしたようにも見えた。

後藤さんが、「まるで神社のテーマパークのようですね」とつぶやいた。だがテーマパークにしては、参拝者の姿を全く見かけない。

数ある神社のなかでひときわ大きいのが、日本神社だ。

祭神は天照大御神《あまてらすおおみかみ》と歴代皇孫尊（歴代天皇・皇族）と天地八百万神。ということは、皇居の宮中三殿と事実上同じである。友清歓真はそれを百も承知のうえで、一教団の神社にしては不釣り合いな名前の神社を建立したに違いない。戦前に大本教団とは違う意味で不敬罪に問われたとしても、おかしくはなかっただろう。

拝殿の前は展望台になっている。晴れているので、先程電車で通った柳井市街や瀬戸内海が見渡せる。景

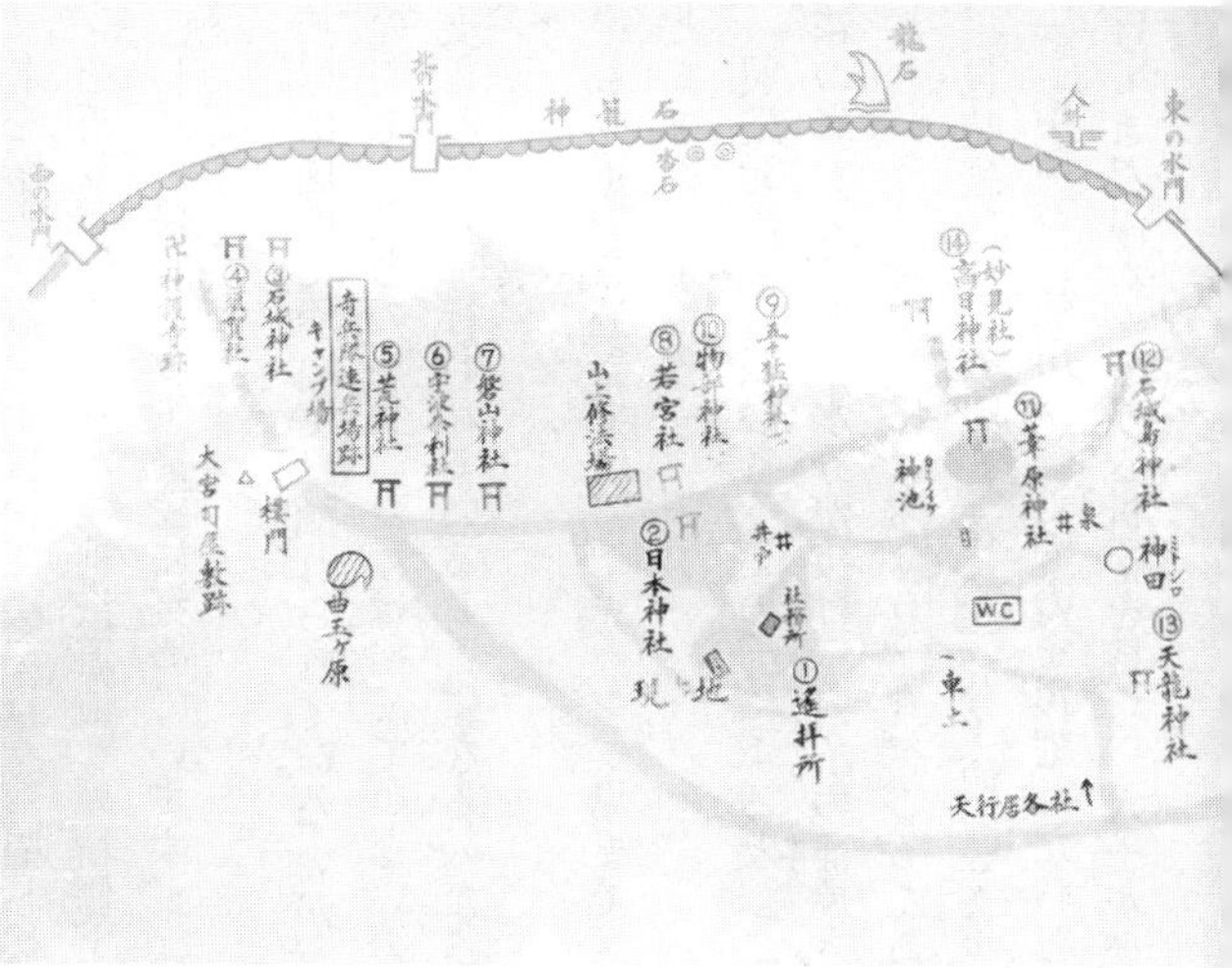

日本神社を中心に数多の神社が並ぶ神道天行居の石城山案内図。

色に見とれていると声が聞こえてくるので、拝殿から中をのぞいてみると、白い祭服を着た二人の男性が祝詞を唱えている。

　しかし、ただの祝詞ではなかった。一音一音を伸ばしながら区切った、ただならぬ声が聞こえてきたからだ。

　——アーマーテーラースーオーオーミーカーミー

　二人の男性は、二十回にわたって神の名を唱和した。十の文字からなることから、神道天行居ではこれを「十《と》言神咒《ことのかじり》」と称している。ホームページには、次のような説明がある。

　天行居同志は、天照大御神の御神

名を奉唱する「十言神咒」を日々奉唱し、皇室の弥栄、日本国の繁栄、世界の平和を祈り、伝えられた「神法道術」の精修を通じて、霊性の向上、霊力の涵養《かんよう》などの日々の修行や救世済民に努めています。

霊的国防については触れられていないが、友清歓真が死去した戦後もなお、「霊性の向上、霊力の涵養」自体は捨てていないのだ。十言神咒というのも、皇室を霊力で支えるために行われていることになるのだろうか。

もう正午を過ぎている。キャンプ場まで戻り、ベンチで「あなごめし」を食べることにする。

製造元の「有限会社うえの」によると、この駅弁は作ってから二時間程度たつと折箱の底からご飯の水分が抜け、穴子の蒲焼《かばや》きのうまみをご飯が吸い取り、味が濃くなるという。時間的にはちょうど食べごろだろう。

包装紙には、右から左へ「穴子飯　金卅銭《さんじっせん》」と記されている。一九二二（大正十一）年ごろに使用されたものを復刻したらしい。この包装紙を取り、木製のフタを開けてまだ温かみの残る折箱を持ち、穴子がびっしり詰まった一角を箸で切り崩してご飯ごと口に運ぶ。

山の澄み切った空気を吸いながら食べる弁当は格別だ。じっくり焼き上げた穴子に出汁《だし》の染みたご飯が絡《から》み合い、絶妙の味が口の中に広がってゆく。百年を超えて人々に愛されてきた駅弁だけのことはあると感じた。

先程と同じタクシーを呼び、「天照皇大神宮教《てんしょうこうたいじんぐうきょう》の本部まで」と告げる。タクシーは石城山を下って田布施の市街地へと戻ってゆく。

田布施という町は、兄の岸信介（一八九六〜一九八七）と弟の佐藤栄作（一九〇一〜七五）という二人の首相の出身地として知られているが、二つの新宗教が本部を置く町でもある。その一つが神道天行居、もう一つがこれから訪れようとする天照皇大神宮教だ。

天照皇大神宮教の教祖は、田布施町の農婦、北村サヨ（一九〇〇〜六七）である。サヨの伝記である天照皇大神宮教本部編『生書《せいしょ》』（東京文化研究所出版部、一九五一年）によると、太平洋戦争末期の一九四四（昭和十九）年からサヨの体内に何者かが入り込み、四五年にかけてサヨと対話したり、サヨに命令したりするようになる。そのいくつかを同書より引いてみる。

――おサヨ、天照皇大神宮というのは、日本小島の守護神と思うなよ。宇宙を支配する神は一つしかありゃしない。

――天皇は生神《いきがみ》でも現人神《あらひとがみ》でもなんでもないぞ。

――来年は紀元元年、神の世じゃ。

――昔、神武天皇は、天下って根の国を治めよといわれ、国民と手をひん握って治めたればこそ、治まったが、二重橋から四重橋、六重橋までかけて、箱入りになり釘止《くぎど》めにされ、目張りされて、天井にほうり上げられて、置物になったのが、今の天皇じゃあないか。

――伊勢に参ったら、昔は、神々《こうごう》しいといいよったが、今は神なき後の神屋敷、行って見いや、神々しゅうも、なんともないぞ。

驚くべき「不敬」な言葉の数々である。一見「天照皇大神宮」、すなわち伊勢神宮の内宮《ないくう》の祭神であるアマテラスを尊重するように見えながら、実際にはこの神を宇宙絶対神へと変えるとともに、天皇や皇室に対する激越な批判を次々に展開しているからだ。

一時は大本に入信し、霊学をしっかりと学んだ上でもう一つの宮中三殿を石城山に築こうとした友清歓真とは全く異なる北村サヨの赤裸々な言葉は、かえって民衆の心に深く訴えかけるだけの力を持っていたのだ。敗戦直後の一時期、天照皇大神宮教が「踊る宗教」として一世を風靡《ふうび》したゆえんである。

一九六七（昭和四十二）年十二月にサヨが死去すると、孫娘の北村清和《きよかず》（一九五〇〜二〇〇六）が二代教主となった。そして清和が二〇〇六（平成十八）年六月に死去すると、娘の北村明和《あきかず》が三代教主となっている。

こうした教主の継承の仕方もまた、皇室とは対照的である。明治以降の皇室は、皇室典範により男系の男子による皇位継承が定められた。明治天皇から現天皇まで、すべての天皇が男子であり、父親から息子へと皇位が継承されてきたことになる。一方、天照皇大神宮教では女系の女子による教主の継承が続いている。出口王仁三郎が『霊界物語』第六十九巻（愛善世界社、二〇〇九年）で「女の世継としておけば、腹から腹へ伝はつて行くのだから、其血統に少しも間違ひはない」とするところの「女の世継」が続いているわけである。

天照皇大神宮教本部を訪れるのも、石城山同様、ほぼ十年ぶりだ。ただ神道天行居とは異なり、天照皇大神宮教にはホームページがない。現在どうなっているかを知る手掛かりが全くなく、この教団がいまも田布施に本部を置いているかどうかもわからじ得なかった。

それだけに、タクシーが表門から本部の敷地に入り、赤松の林のなかに打放しコンクリートの巨大な本部道場が見えてきたとき、やはりここにあったかという感慨を禁じ得なかった。

十年前の記憶がよみがえる。あのときは無断で入っても怪しまれるどころか、すれ違う信者がみな手を合わせて丁寧にお辞儀することに、感動すら覚えたものだ。だがいまは信者の姿がなく、不気味なほど静まりかえっている。

事務室に入ると、制服を着た女性の職員が現れた。突然訪れた私たちに向かって手を合わせ、お辞儀する動作は、十年前と変わらなかった。

彼女は専従の本部職員ではない。「宗教でメシを食うな。同志（信者）はそれぞれ『現職』（職業）をもて」という北村サヨの遺訓があるからだ。天照皇大神宮教では、専従の職員は一人もいないことになっている。

どうやら私たちは、信者と間違えられたらしい。誤解を解くために名刺を差し出し、研究のために訪れたことを告げ、教団の刊行物を売っている店はないかと尋ねたところ、普通の売店ならあるが、書店はないという。そもそも刊行物自体が少ない。「宗教でメシを食うな」というサヨの遺訓は、こんなところにも忠実に継承されている。

天照皇大神宮教の定期刊行物として、『天聲《てんせい》』という月刊の教団機関誌がある。おそらくこれが、教団にとって最も重要な媒体なのだろう。事務室の棚の上には、信者の住む地域ごとに仕分けした最新号の束が置かれていた。

このときの最新号は七八六号で、発行日は「紀元七四年六月一日」となっている。天照皇大神宮教では、先に引用した「来年は紀元元年、神の世じゃ」との北村サヨの言葉に基づき、一九四六（昭和二十一）年の元日に「紀元元年の式典」を挙行し、この年を紀元元年と定めた。

つまり「紀元七四年」とは、二〇一九年を指しているわけだ。ノンフィクション作家の山口文憲《ふみのり》はこう述べている。

> この教団では、昭和とか平成とかの元号をもちいない。戦時中から天皇のことを平気で「蛆《うじ》の天皇」と呼び、「天皇は生神でも現人神でもなんでもないぞ」と広言していた北村サヨは、同様に昭和という元号も嫌っていた。（『日本ばちかん巡り』、新潮社、二〇〇二年）

昭和とは異なる元号を用いた他の教団としては、天照皇大神宮教とほぼ同じ時期に結成された璽宇《じう》がある。璽宇もまた長岡良子《ながこ》（璽光尊。一九〇三〜八三）を教祖とする神道系の教団で、一九四六年を「霊寿元年」と称し、元横綱の双葉山や棋士の呉清源《ごせいげん》が信者だったこともあったが、もはや事実上消滅している。独自の元号を公然と使っている団体は、現在では天照皇大神宮教だけだろう。

『天聲』七八四号の発行日は「紀元七四年四月一日」、同七八五号の発行日は「紀元七四年五月一日」となっている。この時期は、平成が終わり、令和が始まる時期に重なっている。

だがいずれの号にも、天皇の退位、即位や改元について触れる文章はいっさいない。七八五号の巻頭言には、「神山に若葉萌《も》え、風薫《かお》る五月を迎えました」とあるだけだ。令和の幕開けを告げる五月一日の朝、教主自身が「今上陛下の弥栄と令和の御代《みよ》の安寧」を祈った黒住教とはあまりに対照的である。

同じく山陽本線の沿線に本部を置き、天照大御神と天照皇大神という、一見よく似た神を教義の中心に据えながら、一方は天皇制との距離を失い、他方は天皇制との緊張感をなお保っていることになる。それは黒住教の天照大御神が天皇の祖先であるアマテラスと一体化しているのに対して、天照皇大神宮教の天照皇大神は宇宙絶対神を意味するという違いによるものだろう。

『天聲』各号の冒頭には、教祖北村サヨと現教主の北村明和の写真が掲げられている。明和はまだ二十九歳（当時）で若々しい。写真を見た江木さんが、「皇室以上に皇室顔だ」とつぶやいた。

　タクシーは天照皇大神宮教本部の裏門を出ると、すぐに山陽本線の線路にかかる踏切を渡った。線路に並行する県道23号を進んでゆくと、左手に岩田という駅が見えた。田布施よりも一つ徳山寄りの駅で、光市に属する。

　岩田駅から車で五分ほどのところに伊藤公資料館がある。伊藤博文（一八四一〜一九〇九）が生まれ育った場所に建っている。田布施町には岸信介や佐藤栄作の名を冠した資料館はないが、光市はここが伊藤博文の出身地であることを大々的に宣伝している。

　さらに進んでゆくと、光市立野《たての》という地区に達する。地区内を流れる二級河川の束《つか》荷《り》川にかかる橋の前でタクシーが停まった。道の中央に「車両通行止」の看板がかかっていて、ここから先は車で行けないからだ。

　しかし、目指す邸宅は橋のすぐ向こう側にあった。川沿いにあるその邸宅の前には、光市が設置した「向山《こうざん》文庫」という案内板が立っていた。

向山文庫は、難波《なんば》覃庵《たんあん》（1811〜1888）によって建てられた、光市最初の図書館である。（中略）

覃庵は、文久2年（1862）、邸内に私塾「養義場《ようぎじょう》」を創設し、翌年には長徳寺境内に郷校「慕議会《ぼぎかい》」を開設するなど子弟の教育に努め、自家所蔵の書籍を閲覧させていた。

その後（中略）明治16年（1883）、邸宅内に「向山文庫」と名付けた2間××（ママ）3・5間（約23㎡）の土蔵を新たに建てた。

この案内板の背後には、確かに土蔵が建っていた。だがそれはあくまでも邸宅の一部であった。広大な邸宅は半ば廃墟《はいきょ》と化していた。

周辺に住宅はなく、空き地が広がっている。この家だけがまるで隔離されたかのようだ。立ち止まってはいけないような空気を感じる。

難波覃庵の孫が、政治家となり一九二〇（大正九）年の衆議院議員総選挙で当選した難波作之進（一八六五〜一九二五）である。その四男こそ、二三年十二月二十七日に帝国議会の開院式に向かう途中の皇太子裕仁（当時は摂政。後の昭和天皇）をステッキ銃で狙撃《そげき》する「虎ノ門事件」を起こした難波大助（一八九九〜一九二四）にほかならない。

光市の案内板には全く触れられていないが、実はこの邸宅は、難波大助が生まれ育った家なのだ。事件から百年近くが経《た》ったいまでも、依然としてタブーは消えていない。

大助は一九年に上京して以降、社会主義の思想に染まっていったとされている。そうだとしても、もともと自宅に向山文庫のある恵まれた環境が、早くから大助をして思想全般に関心を抱かせたことは、想像に難くない。

しかも、大助が事件で使ったステッキ銃は、伊藤博文がロンドンで購入し、それが人を介して難波作之進に渡ったものと言われている。

二四年十月二日の大審院法廷での公判で、大助はこう述べている。

> 昨日より裁判長も検事も、天皇に対して懼《おそ》れ多い懼れ多いと、まるで天皇を神様のようにいわれるが、本当に天皇は神様のように懼れ多いのか。私にはどうしてもその気持が湧《わ》いて来ない。（井上章一『狂気と王権』、講談社学術文庫、二〇〇八年）

北村サヨが発した、「天皇は生神でもなんでもないぞ」とも響き合う言葉である。

もちろん一方は社会主義思想に染まったテロリスト、他方は農家の主婦という違いはある。だが山陽本線の隣り合う駅の近くで、大正から昭和にかけてよく似た「不敬」思想が育まれたという事実を見逃すわけにはいかない。

住人が消えて久しい家の前でたたずんでいると、列車の音が聞こえてきた。その音がする方向を見やると、コンテナをいくつも連ねた貨物列車が通り過ぎていった。難波家からも、下関行きの列車や東京行きの列車がはっきりと見えたはずだ。

山陽本線がまだ電化されていなかった時代、出口王仁三郎も友清歓真も北村サヨも難波大助も、東京からやってくる、ないしは東京へと向かう蒸気機関車のドラフト音を聴いたに違いない。静寂を破るその音は、一方では国境を越えて大陸や世界と、他方では一国の首都、すなわち国家や天皇とつながっていた。

国家や天皇に忠誠を尽くすのか。それとも反逆するのか——「裏」の山陽である山陽本線の沿線には、その答えをめぐって苦闘した人々の痕跡《こんせき》が、いまなお残っているのだ。

七　神功《じんぐう》皇后と継体天皇と北陸本線と

一八八四（明治十七）年四月十六日、現在のＪＲ北陸本線の一部に相当する敦賀《つるが》線の長浜—敦賀—金ヶ崎（後の敦賀港。現在は廃止）間が開通した。官設の鉄道としては、東海道線の新橋—横浜間、大津—神戸間に次ぐ開業であった。

なぜこれほど早く北陸本線が開通したのか。それはひとえに、太平洋側と日本海側を短距離で結ぶ鉄道の建設を急いだからにほかならない。長浜と大津の間を琵琶湖の水上輸送で結べば、敦賀と神戸が一つにつながることになる。日本海側から太平洋側に、大量の物資を運ぶことが可能になるのである。

鉄道局長の井上勝《まさる》（一八四三〜一九一〇）は一八七六年二月、工部卿《こうぶきょう》の伊藤博文に敦賀線を速やかに建設するよう決断をせまった。井上がこう主張したのも、同線の商品流通上の重要性をよく認識していたからであった（老川慶喜《おいかわよしのぶ》『日本鉄道史　幕末・明治篇　蒸気車模型から鉄道国有化まで』、中公新書、二〇一四年）。

鉄道が開通することで、敦賀は国際都市となる。一九〇二（明治三十五）年にはロシアのウラジオストクとの間に定期船が開かれ、一二年にはウラジオストク航路に接続する列車が新橋―金ケ崎間に走り始めている。

だが、日本海に面した敦賀の重要性は、何も明治になってにわかに浮上したわけではない。その地名は、すでに『日本書紀』や『古事記』などにしばしば出てくるからだ。『日本書紀』巻第六の垂仁《すいにん》天皇二年には、早くもこんな記述がある。

御間城天皇《みまきのすめらみこと》の世《みよ》に、額《ぬか》に角有《つのお》ひたる人、一《ひとつ》の船に乗りて、越国《こしのくに》の笥《け》飯浦《いのうら》に泊れり。故《かれ》、其処《そこ》を号《なづ》けて角鹿《つぬが》と曰《い》ふ。問ひて曰はく、「何《いずれ》の国の人ぞ」といふ。対《こた》へて曰《もう》さく、「意富加羅国《おおからのくに》の王の子《こきし》、名は都怒我阿羅斯等《つぬがあらしと》」。（坂本太郎他校注『日本書紀』二、岩波文庫、一九九四年）

御間城天皇は垂仁天皇の父に当たる崇神《すじん》天皇を意味する。その時代に、「都怒我阿羅斯等」という朝鮮半島の加羅の王子がやってきた。その名の通り額に角が生えていたから、角鹿という地名がついた。これが敦賀という地名のルーツだというのだ（なお『古事記』には、『日本書紀』とは全く異なる説が記されている）。

『日本書紀』巻八の仲哀《ちゅうあい》天皇二年には、「二月《きさらぎ》の癸未《みずのとのひつじ》の朔《ついたち》戊子《つちのえねのひ》に、角鹿に幸《いでま》す。即《すなは》ち行宮《かりみや》を興《た》てて居《ま》します。是《これ》を笥飯宮と謂《もう》す」という記述もある。笥飯宮は現在の氣比《けひ》神宮であり、仲哀天皇と神功皇后がしばらく滞在した。仲哀天皇の死後、神功皇后は朝鮮半島に出兵したが（いわゆる三韓征伐）、帰還後の神功皇后摂政十三年二月には皇太子（後の応神天皇）らを笥飯宮にわざわざ参拝させている（『日本書紀』巻第九）。

もちろん今日の学界では、崇神天皇も垂仁天皇も神功皇后も、実在の疑わしい人物とされている。けれども古典に残る記述の数々は、敦賀がすでに古代から海を隔てた朝鮮半島と浅からぬ関係にあったことを雄弁に物語っている。

北陸本線は、長浜—金ヶ崎間が開通してからも徐々に路線を延ばしてゆく。一八八九（明治二十二）年には米原—長浜間が開通し、米原で同年全通した東海道線とつながった。一八九六年には敦賀から福井まで、さらに九八年には現在の終点に当たる金沢まで延伸している。

『日本書紀』によれば、北陸本線の沿線で仲哀天皇、神功皇后、応神天皇の三者が足跡を残したところはもっぱら敦賀だけであったが、この沿線全体に及ぶ地域にもっと大きな足跡を残したとされる天皇がいる。

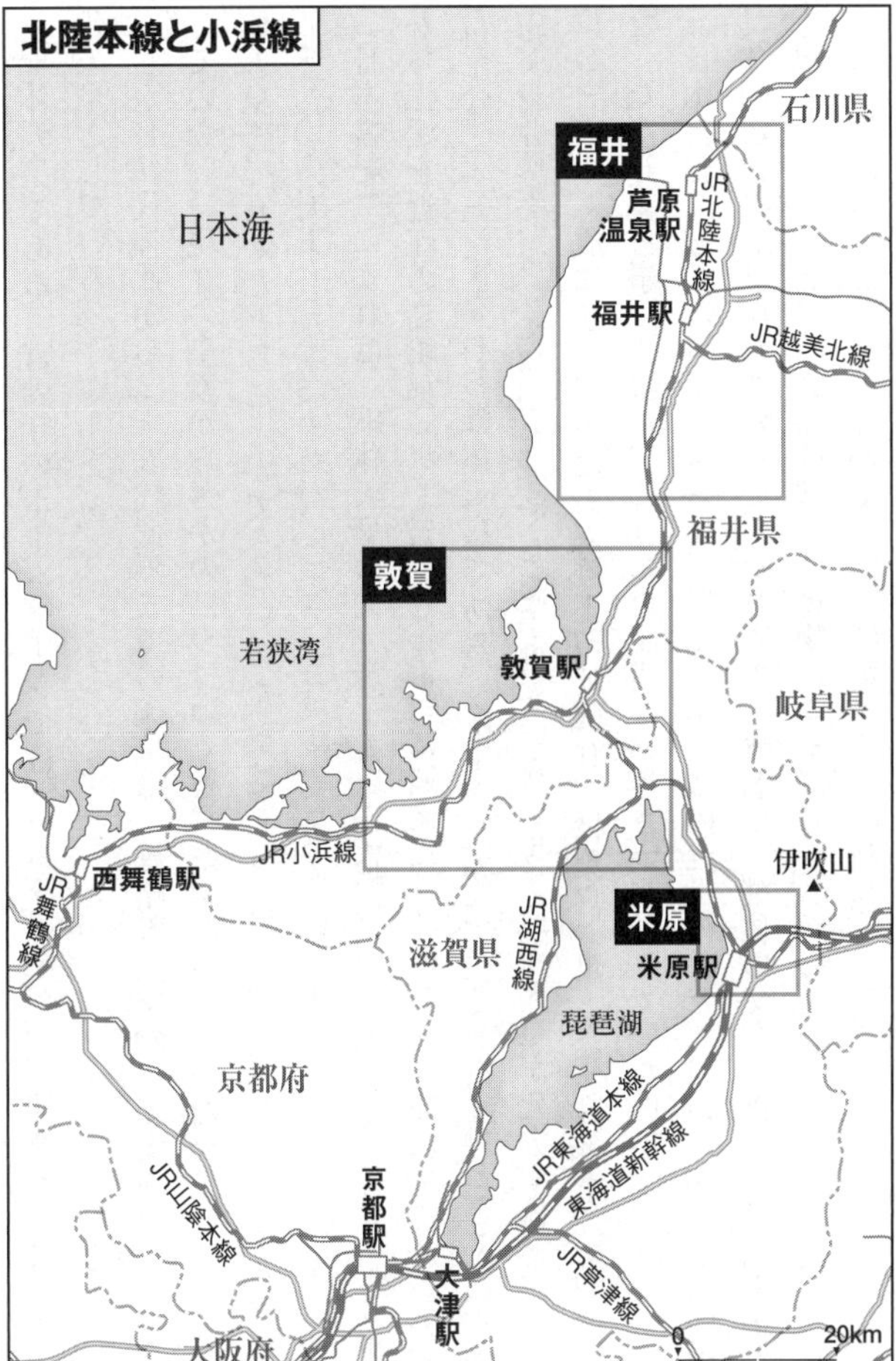
北陸本線と小浜線
石川県
福井
芦原温泉駅
JR北陸本線
日本海
福井駅
JR越美北線
福井県
敦賀
若狭湾
敦賀駅
岐阜県
JR小浜線
伊吹山
西舞鶴駅
JR舞鶴線
JR湖西線
米原
滋賀県
米原駅
琵琶湖
京都府
JR東海道本線
東海道新幹線
JR山陰本線
京都駅
大津駅
JR草津線
大阪府
0
20km

継体天皇である。宮内庁のホームページでは、『日本書紀』の記述をもとに二十六代天皇としている。

しかし初代神武から二十五代武烈までの天皇は、雄略天皇を除いて実在がはっきりしていない。現在の皇室からさかのぼってゆくと、系譜がつながった天皇としては継体天皇までしかたどることができないのだ（なお正確に言えば、天皇号が成立する前の天皇はすべて「大王《おおきみ》」と記すべきだが、ここでは「天皇」に表記を統一する）。

『日本書紀』によれば、継体天皇の父、彦主人王《ひこうしのおおきみ》は越《こし》の国の三国《みくに》（現・福井県坂井市）から振媛《ふりひめ》を近江《おうみ》の高嶋郡（現・滋賀県高島市）に迎えた。この二人の間に生まれたのが「男大迹王《おおどのおおきみ》」、すなわち継体天皇である。彦主人王が死去すると、母とともに高向《たかむく》（現・福井県坂井市）に移った。そして子供がいないまま武烈天皇が死去すると、すでに数え五十八歳になっていた男大迹王が呼ばれ、樟葉宮《くすはのみや》（現・大阪府枚方市《ひらかた》）で即位した。ただし『古事記』には、こうした記述はいっさい記されていない。

『日本書紀』も『古事記』も継体天皇は応神天皇の五世の孫としているが、その間の具体的な人物名は記していない。それらの人物名は、継体の父方、母方の系図を細かく記した『上宮記《じょうぐうき》』という散逸した書物によってしかわからない。

こうした状況をどう見るかで、学説は真っ二つに割れている。

一つは、記紀や『上宮記』の記述は創作されたものであり、継体天皇は応神天皇の五世の孫ではなく、近江の坂田（現・滋賀県米原市）を本拠地とする豪族、息長《おきなが》氏の出身とする説である。この説が正しければ、武烈と継体の間には断絶があり、継体は新しい王朝を建てたことになる。

もう一つは、記紀や『上宮記』の記述通り、継体は応神の五世の孫であったとする説である。ただしこの説をとる場合でも、息長氏と継体天皇は、いずれも応神の孫の意富富等王《おおほどのおおきみ》を共通の祖としている。しかも継体は「息長真手王《おきながのまてのおおきみ》の女、麻績娘子《おみのいらつめ》」をめとっている。どちらの説をとるにせよ、継体と息長氏の間に深い関係があったことだけは、おそらく間違いがないのである。

実は神功皇后もまた、『古事記』では「息長帯比売命《おきながたらしひめのみこと》」と表記されている。『日本書紀』では「気長足姫尊」と表記されているが、読み方は同じである。息長氏の本拠地は北陸本線の米原—長浜間の東側に当たっている。

息長氏は近江から敦賀に進出し、海上貿易に乗り出したという説がある。継体天皇もまた、天皇になる前に朝鮮半島に渡っていたという説すらある（水谷千秋『継体天皇と朝鮮半島の謎《なぞ》』、文春新書、二〇一三年）。そうだとすれば、息長氏や継体にとっても敦賀は重要な場所だったことになる。

米原から福井県の芦原《あわら》温泉にかけてのＪＲ北陸本線の沿線には、神功皇后や継体天皇にまつわる数々の史跡が、いまもひっそりとたたずんでいるのだ。今回は北陸本線に加えて、同線の敦賀から分かれるＪＲ小浜《おばま》線にも乗りながら、謎に包まれた古代史について考えてみたい。

二〇一九（令和元）年八月二十九日、新横浜を8時52分に出る「ひかり５０５号」に乗り、車内で江木裕計さん、後藤結美さんと合流する。晴れているが、これから向かう滋賀県や福井県は一日雨という予報が出ている。

10時44分、米原に着く。予報に反して薄日が射《さ》している。地元の老舗《しにせ》、井筒屋の駅弁が並ぶホームの売店で、あらかじめ弁当を買っておく。江木さんと私は「元祖鱒寿《ますず》し」を、後藤さんは「近江牛としょいめし」を選んだ。しょいめしは滋賀県の郷土料理で、醤油《しょうゆ》を使って炊《た》いた飯のことだ。

駅前からタクシーに乗る。琵琶湖とは反対側に当たる東方に向かうと、見事な田園地帯が現れる。収穫を間近に控えた稲穂が、みな一様に黄色い頭《こうべ》を垂れている。近江米の産地なのだろう。今年は豊作なのではないか。

前方に奈良の耳成《みみなし》山のようなこんもりとした小山が見えてきた。この日《ひ》撫《なで》山の麓《ふもと》に

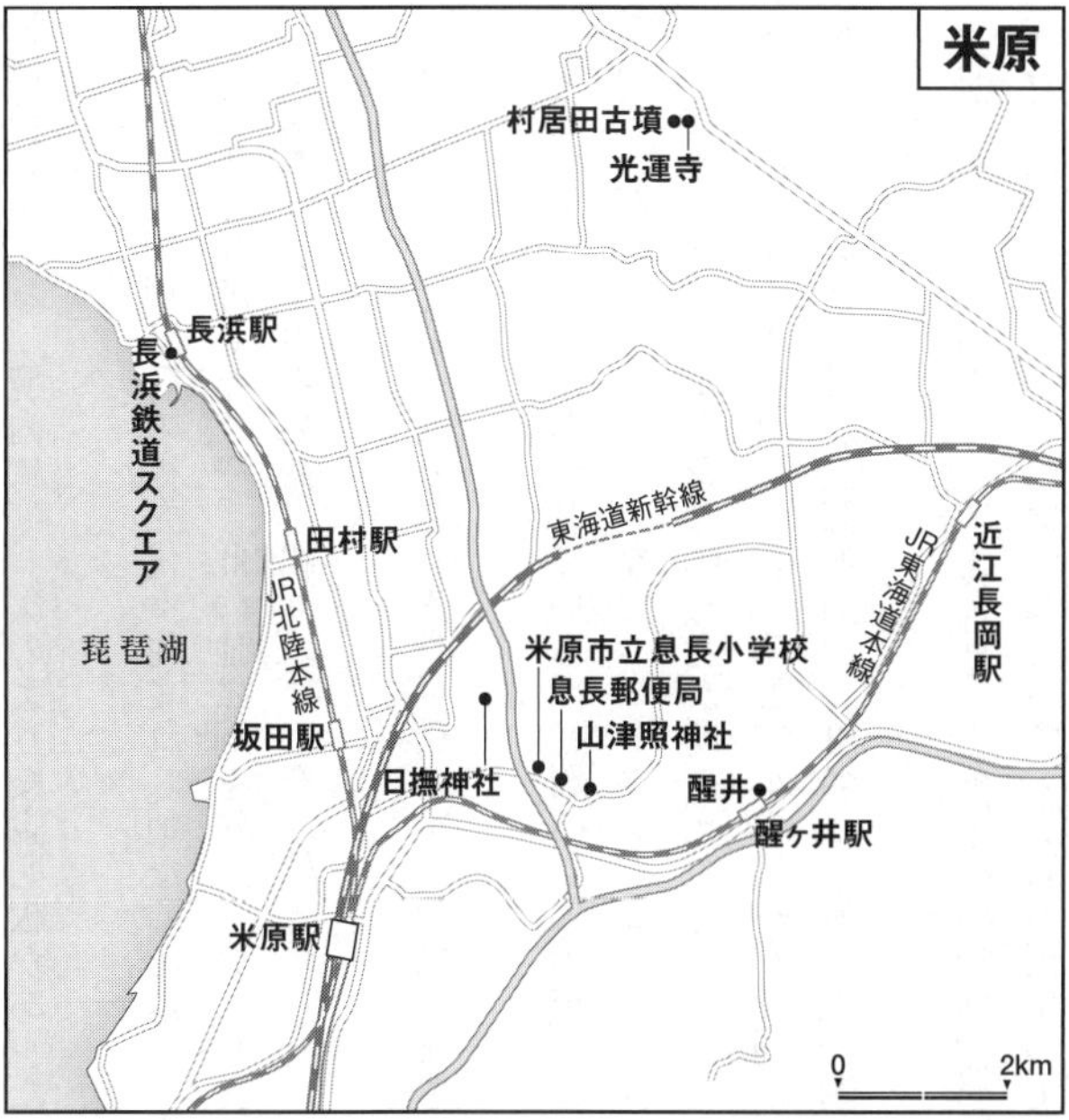
米原
村居田古墳
光運寺
長浜駅
長浜鉄道スクエア
田村駅
東海道新幹線
JR北陸本線
琵琶湖
坂田駅
米原市立息長小学校
息長郵便局
山津照神社
日撫神社
醒井
醒ヶ井駅
米原駅
JR東海道本線
近江長岡駅
0
2km

日撫神社がある。境内には、次のような説明板があった。

当地は、神功皇后の祖先代々住まれし地なるを以《もっ》て、皇后此《こ》の地を慕い給《たま》う事深く、三韓より凱陣《がいじん》し給うや、此の地に祠《ほこら》を建て、御父息長宿禰王《おきながのすくねのみこ》、及び国土経営と医薬に功ありし少毘古《すくなびこ》名命《なのみこと》を祀《まつ》り給いしを創始とす

神功皇后もその一人とされる息長氏の本拠地は、まさにこの辺にあったとしているわけだ。

参道は長く、緑に覆《おお》われている。社務所に人の姿はなかったが、手入れは行き届いていて、石段にもゴミ一つない。ミンミンゼミやアブラゼミに交じって、夏の終わりを告げるツクツクボウシの鳴く音が聞こえてくる。

さらにタクシーを東に走らせると、小学校や郵便局が現れた。小学校は米原市立息長小学校、郵便局は息長郵便局だ。町名は米原市能登瀬《のとせ》だが、息長という地名が消えたわけではない。

能登瀬には、国常立尊《くにのとこたちのみこと》を祭神とする山津《やまつ》照《てる》神社が鎮座している。玉砂利の参道の代わりに、芝生が一面に敷かれていて、鳥居も芝生の上にあった。

山津照神社の境内には、六世紀前半から半ば近くに作られた前方後円墳がある。境内の説明板には「土地の伝説に神功皇后の父君息長宿禰王の墳墓といふ」とあり、社務所でもらった由緒書《ゆいしょがき》には「神功皇后の御陵予定地」とあるが、どちらも時代が合わない。歴史学者の水谷千秋は、継体に娘を后妃《こうひ》として送った息長真手王の墓であり、息長真手王を継体のいとこと推定している（前掲『継体天皇と朝鮮半島の謎』）。

山津照神社古墳は、息長古墳群と呼ばれる古墳の一つである。これより北側には、息長古墳群よりも古い長浜古墳群がある。その一つである村居田《むらいだ》古墳に向かうことにする。

途中、右手の窓に伊吹《いぶき》山が見える。景行天皇の皇子ヤマトタケルが荒ぶる神を退治するために登ったとされる山で、息長氏の神体山だったという説もある。山を越えた向こうは岐阜県だ。江木さんが「東海道新幹線に乗っても伊吹山はなかなか見えないんですが、今日はわりとよく見えていますね」と言う。天気予報に反して、雨雲らしき雲はどこにも見いだせない。

村居田古墳は現在、敏達《びだつ》天皇（五三八～五八五）の皇后、息長広姫《おきながひろひめ》の陵《みささぎ》となっており、宮内庁が管理している。確かに訪れてみると鳥居があり、その前に「敏達天皇皇后廣姫　息長陵」と記された宮内庁の看板が立っていた。

陵の背後に回ると、緑色の光沢も鮮やかな虫がいた。後藤さんが「珍しい虫ですね」と言うので、「タマムシでしょう」と答える。

古墳自体は小さく、隣接する真宗大谷派の寺院、光運《こううん》寺の方が目立っている。どうやら光運寺の敷地の一部となったことで、墳丘の多くが失われてしまったらしい。

古墳が五世紀半ばから後半にかけて作られたことを踏まえれば、広姫の墓であるはずがない。水谷千秋は、これを前述した意富富等王の墓ではないかとしている（同）。

ここから北陸本線の駅に出るには、米原に戻るよりも長浜に向かうほうが近い。せっかく長浜に行くなら、旧長浜駅舎を見ておきたい。敦賀線の開通と同時に完成した石灰コンクリート造りの初代駅舎が、いまも駅に近い「長浜鉄道スクエア」に保存されている。

長浜が敦賀線のターミナルだった時期は一八八二（明治十五）年から八九年までの七年間にすぎなかったが、プラットホームの先に駅本屋を配した頭端式《とうたんしき》の面影は、この駅舎にはっきりと残っている。駅舎のすぐ南側には琵琶湖が広がっている。駅を出た客は、すぐさま大津へと向かう船に乗り込んだのだ。

長浜を13時2分に出る特急「しらさぎ7号」に乗る。自由席でも悠々座れた。次の停車駅、敦賀に着くまでの時間を利用して、米原で買っておいた「元祖鱒寿し」を食べることにする。

鱒の押寿しといえば富山の「ますのすし」が有名だが、発売の時期は米原のほうが早い。米原に近い醒井《さめがい》に養鱒場《ようそんじょう》があるからだ。わざわざ「元祖」と銘打っているのもうなずける。

一九五一（昭和二十六）年十一月十六日に醒井養鱒場を訪れた昭和天皇は、「谷かげに　残るもみぢ葉　うつくしも　虹鱒《にじます》をどる　醒井のさと」という和歌を詠《よ》んでいる（『昭和天皇実録』同日条）。ますのすしはサクラマスだが、元祖鱒寿しはこの和歌の通りニジマスだ。比較的淡泊ななかにも、鱒の旨《うま》みが凝縮されている。近江米を使っているというご飯も新鮮だ。タクシーの車内から眺めた、たわわに実った稲穂の波を思い出した。

北陸本線の車窓からは、琵琶湖はほとんど見えない。近江塩津で京都から来た湖西《こせい》線の線路が合流し、全長五一七三メートルの新深坂トンネルを抜けると滋賀県から福井県に入る。上り線はループ線で一回転して上る急勾配《きゅうこうばい》を「しらさぎ」は直線で一気に下り、13時25分に敦賀に到着する。空はいくぶん曇ったが、それでも雨は降っていない。

北陸本線は全線電化されている。ただし直流電化の区間は米原—敦賀間だけで、敦賀から先は交流になる。大阪や京都方面から東海道本線や湖西線を経由して北陸本線に乗り入れる新快速の電車も、敦賀を終点としている。

つまり敦賀は、いまでも交通の要衝としての地位を失ってはいないのだ。加えて二〇二四年の春には、現在高崎—金沢間を結んでいる北陸新幹線が敦賀まで延伸され、東京とつながることになっている。

敦賀で降りたからには、何を措いてもまず氣比神宮を訪れなければなるまい。駅前からタクシーに乗ると、わずか五分ほどで着いた。

氣比神宮の祭神は、伊奢《いざ》沙別命《さわけのみこと》（笥飯大神）、仲哀天皇、神功皇后など七神。国の重要文化財に指定された大鳥居は、日本三大鳥居の一つと言われるだけあってさすがに立派だ。だがその先にあるはずの中鳥居はなかった。四章でも触れた二〇一八年九月の台風21号で、控柱が倒壊してしまったのだ。本来あるべき鳥居の脇《わき》には、「中鳥居修繕工事　ご奉賛のお願い」という看板が立っていた。

日撫神社や山津照神社とは異なり、境内には観光客がいた。だがそれ以上に目立ったのは、九月二日から十五日まで行われる例大祭「氣比の長祭」に出す露店の準備をする人々であった。「おばけやしき」と記された巨大なテントには、いかにも怖そう

敦賀
日本原子力発電(株)
敦賀原子力発電所
水島
日本原子力研究開発機構
高速増殖原型炉もんじゅ
敦賀半島
JR北陸本線
北陸トンネル
関西電力(株)
美浜原子力発電所
常宮神社
若狭湾
敦賀湾
気比の松原
三方五湖
レインボーライン
東美浜駅
角鹿神社
敦賀駅
北陸道総鎮守
氣比神宮
御神島
常神社
常神半島
美浜駅
JR小浜線
敦賀トンネル温泉
三方五湖
気山駅
福井県
新深坂トンネル
三方駅
近江塩津駅
JR湖西線
上中駅
滋賀県
琵琶湖
0
5km

な化け物の絵がいくつも描かれている。都市部の祭りではすっかり絶滅したようなスマートボールや射的の露店もある。「長祭」、すなわち期間の長い祭りの名にふさわしく、規模の大きさがうかがえるというものだ。

境内の奥には都怒我阿羅斯等命をまつる摂社の角鹿神社があった。二階建てのアパートが神社に接している。江木さんが、「ここに住んだら夜に出てきそうですね」と言う。「学者としてはぜひ会ってみたい」と答える。

タクシーで敦賀駅に戻り、小浜線のホームに止まっている14時20分発東舞鶴行きの普通電車に乗る。小浜線は敦賀と京都府の東舞鶴の間を結ぶ線で、単線ながら全線が直流電化されている。若狭湾の沿岸を走り、敦賀をはじめ、美浜、おおい（大飯）、高浜と、原発のある福井県の市や町を結んでいる。

福井県では一九六〇年代から原発の建設が進んだ。六八（昭和四十三）年に福井県を訪れ、美浜原発も見学した皇太子明仁（現上皇）は、知事に「どういうわけで、原電（原発）が数多く建設されるのか」と質問した。知事は「後進県脱皮のために誘致しました」と答えている（『福井新聞』一九六八年九月四日）。

二両編成の電車は定刻に発車する。席はそこそこ埋まっている。にわかに空が暗くなってきたかと思うと、突然叩《たた》きつけるような雨が降ってきた。けれども東美浜に着くころにはすっかり上がり、また薄日が射してきた。

次の美浜を過ぎると、右手に三方《みかた》五湖が現れる。三方五湖というのは日向《ひるが》湖、久々《くぐ》子《し》湖、水月《すいげつ》湖、菅《すが》湖、三方湖のことだが、このうち電車から見えるのは久々子湖、菅湖、三方湖だけだ。

14時49分、三方に着く。三方上中《かみなか》郡若狭町の中心駅である。

駅前には、予約しておいたタクシーが停まっていた。このタクシーに乗って「常《つね》神社へ」と告げると、「常神社？　ええと、常神《つねがみ》さんですね」と言われる。「そうです」と答える。

『日本書紀』巻第八の仲哀天皇二年の六月には、こんな記述がある。

皇后《きさき》、角鹿より発《た》ちて行《いでま》して、渟《ぬ》田門《たのみなと》に到《いた》りて、船上《みふね》に食《みおし》す。時に、海鯽魚《たい》、多《さわ》に船《みふね》の傍《そば》に聚《あつま》れり。皇后、酒《おおみき》を以《も》て鯽魚《たい》に灑《そそ》きたまふ。鯽魚、即ち酔《え》ひて浮びぬ。時に、海人《あま》、多に其《そ》の魚《いお》を獲《え》て歓《よろこ》びて曰《い》はく、「聖王《ひじりのきみ》の所賞《たま》ふ魚なり」といふ。故《かれ》、其の処《ところ》の魚、六月《みなづき》に至りて、常に傾浮《あぎと》ふこと酔《え》へるが如《ごと》し。其れ是《こ》の縁《ことのもと》なり。（前掲『日本書紀』二）

仲哀天皇が一足早く角鹿、すなわち敦賀を発ってから神功皇后もまた角鹿を発ち、渟田門に至ると、船のまわりに鯛が集まってきた。皇后が酒を注ぐと鯛は酒に酔って浮かんだ。漁師はたくさん鯛を得て、「皇后さまのくださった魚だ」と言って喜んだ。六月には鯛が決まって浮き上がって口をパクパクさせ、酔ったようになるのはこのためだという。

まるで二〇一九年二月に訪れた千葉県鴨川市の鯛の浦のような光景だが（五章を参照）、問題は渟田門がどこを指すかである。江戸時代の国学者、伴信友《ばんのぶとも》（一七七三〜一八四六）は、『神社私考』のなかで若狭湾と推定している。さらに武藤正典《むとうしょうてん》『若狭文化財散歩』（学生社、一九七二年）は、もっと端的に、若狭湾に突き出た常神半島の突端近くに浮かぶ御神島《おんがみじま》としている。

御神島にはもともと神功皇后をまつる常神社という神社があったが、後に対岸に当たる常神半島に移されている。これからタクシーで向かおうとしているのは、この常神社である。

タクシーは三方と常神を結ぶ県道２１６号をひた走る。小さな三方の市街地を抜けると、すぐに右手の窓にまた三方湖が現れた。三方五湖では唯一《ゆいいつ》の淡水湖だ。次に狭い水路によって三方湖とつながる水月湖が現れる。こちらは海水が交じった汽水湖だという。

ウメの畑がやたらとある。運転手によると、このあたりは和歌山県みなべ町に次ぐ梅干しの名産地で、沿道には即売所の看板が目につく。

まもなく塩坂越《しゃくし》トンネルに入る。運転手が「ここから常神半島に入ります」と告げた。トンネルを抜けた途端、左手の眺望が開け、若狭湾が姿を現した。リアス式海岸特有の複雑な海岸線が、はるか彼方《かなた》まで続いている。

常神半島に原発はない。その代わりに塩坂越、遊子《ゆうし》、小川、神子《みこ》、常神という五つの古い集落が、半島の西側につくられた県道２１６号沿いに点在している。一九五七（昭和三十二）年に現在の県道が開通するまでは、文字どおり陸の孤島だったという。

――なんという神々《こうごう》しさだ……

江木さんがつぶやいた。神子の集落を通ったときだ。左手の窓には、薄日に照らされて光り輝く海面が眺められた。なるほど、神子という地名に違《たが》わぬ眺めだと感じ入る。

どの集落も若狭湾に面しているため、海水浴場がある。だがいまはもう砂浜に人の姿は見かけない。代わりに出くわしたのはニホンザルの群れだ。木々をすばやく飛び移る猿や、路上を悠々と歩く猿がいる。小さな子猿を抱えた母猿もいる。人間よりも猿の数のほうが多いのではないかと思われた。

窓を開けると、海の近くなのに潮の匂《にお》いはまるでせず、天然のクーラーのような涼風が入ってきた。平地が少なく、山が迫っているせいだろう。あるいは、神域に近づきつつあるせいかもしれない。

――あれが御神島です。

神子から常神に向かう途中、若狭湾を見下ろす高台にさしかかったところで、運転手が指さした。その方向を見やると、半島の複雑な海岸線の向こうに、原生林に覆われた島が眺められた。周囲三キロの島で、南北に細長く、北側がやや盛り上がっている。半島からの距離はごく近い。まるで半島の一部のようにも見えた。

現在は無人島で、夏の間だけ常神の民宿が海水浴客のための船を出すという。正式な船便はない。常神周辺の海域は三方海中公園に指定され、船底がガラス張りになったグラスボートが島の回りを一周していたが、二〇一九年三月に廃止されてしまった。

半島の突端に近い常神に入ると、緑がいっそう濃さを増した。まもなく右手に「式内　常神社」と記された石柱が現れた。苔《こけ》むした参道には鳥居が二本立ち、その両側には巨木が屹立《きつりつ》している。「常神社」の扁額《へんがく》がかかった二の鳥居の向こうには、拝殿に向かって石段が延びている。けれども鬱蒼《うっそう》とした木々が視界をさえぎっていて、よくは見えない。

めったに訪れる人がいないのか、石段もまた苔に覆われている。手すりにつかまり、一段ずつ注意深く昇ってゆく。昇りきっても海は見えない。本殿の背後には山が迫っ

神功皇后をまつる常神社。元々は御神島にあったが常神半島に移された。

ている。
拝殿の写真を撮ろうとしたら、突然シャッターが作動しなくなった。禁忌に触れたからだろうか。四年間使ったカメラがここで寿命を終えた。

頰にひんやりとした風が当たる。

何かに追われるように、急いで石段を降りる。改めて二の鳥居に掲げられた扁額を眺めた。常神社の「常」とは、常世、すなわち死後の世界を意味するのではないか。ここでは神功皇后が出雲《いずも》大社にまつられているオオクニヌシのごとく、死後の世界を治めているのではなかろうか——そんな妄想にとらわれた。

復路は往路とは異なり、塩坂越トンネルを抜けてから、三方より一駅敦賀寄りの気《き》山《やま》に通じる有料道路「レインボーライン」を経由することにした。途中に立ち寄った梅丈岳《ばいじょうだけ》山頂公園からは、南に三方五湖が、北に常神半島と若狭湾が眺められた。湖面と海面の違いはあれ、どちらも水面なので、常神半島が文字どおりの島に見えた。

17時1分、気山から敦賀ゆきの普通電車に乗る。気山駅の近くに県立美方高校があるため、高校生も一緒に乗る。なぜか男子より女子のほうが多い。きっと常神半島から通っている高校生もいるのだろう。復路の県道でも、美方高校前や三方駅と常神を結ぶ若狭町営バスにすれ違った。

敦賀に着くと、中島輝尚さんが待っていた。四人で駅の近くにある「地魚料理まるさん屋」に入る。敦賀の水産市場は、県内の若狭町から南越前町《みなみえちぜん》までの広範囲から魚が集まるので、種類が豊富なのだ。地元の名店のせいか、まだ午後六時前なのに席があらかた埋まっている。なぜか男性の二人連れが多い。

おまかせ刺身盛り、貝三種盛り、へしこ焼き、はも天ぷらなどを次々に注文。中島さんは、続けて注文した浜焼き鯖《さば》と真イカの刺し身が特に気に入ったようで、浜焼き鯖を食べながら「これぞ鯖の御神島だ」などと意味不明なことを口走っている。けれども串《くし》に刺されて皿の上に横たわる鯖を見ていると、島の形に似ていなくもない気がしてくる。

最後に注文した越前大野産のそば粉を使った越前おろしそばも絶品だった。冷たいそばだからもりそばではあるが、あらかじめつゆがそばにかかっている点ではかけそばともいえる。そばは色が黒く、細いながらも強いコシがある。具の大根おろしや鰹《かつお》節《ぶし》との組み合わせも絶妙だ。これに加えて十一月以降に獲れる名物の越前ガニがあったら、もう言うことなしだった。

実はちょうどこの日、五十七歳になった。誕生日にふさわしい夕餉《ゆうげ》を、心から信頼している編集者とともにする歓びをしみじみと味わった。

駅前からタクシーに乗り、北国《きたぐに》グランドホテルに向かう。今夜は敦賀トンネル温泉に泊まることになっている。一九六〇（昭和三十五）年、北陸本線の敦賀—今庄《いまじょう》間に掘削していた北陸トンネルから湧出《ゆうしゅつ》した比較的新しい温泉で、かつてはほかにも旅館があったらしいが、いまでは北国グランドホテルだけになってしまった。北国を北国街道や北國銀行のように「ほっこく」と読むのではなく、「きたぐに」と読むのは、北陸トンネルが開通した当時、北陸本線を走っていた急行「きたぐに」にちなむからだという。どうせ泊まるなら北陸本線にゆかりのあるホテルにしたいと思い、私がリクエストした。

目指すホテルは、敦賀市街を見下ろす高台に建っていた。部屋の名前が「きたぐに」の停車駅になっているのがおもしろい。後藤さんは「富山」、江木さんは「金沢」、中島さんは「福井」、私は「敦賀」という部屋だった。

大浴場に入る。毎分七百リットル出るという単純硫黄泉で、ヌルヌルとした触感がある。これは本物だ。窓の外には敦賀の夜景が広がっていた。

目を覚ましてテレビを点《つ》けると、ＮＨＫの天気予報が流れている。今日もまた福井県は全域で終日雨だそうだ。だがカーテンを開けてみると、どういうわけか薄日が射している。昨日と同じような天気がまだ続いている。

それにしても見事な眺めだ。敦賀駅や市街地の向こうには、深く切れ込んだ敦賀湾やその西側に突き出た敦賀半島が見渡せる。北陸本線の線路に並行して、北陸新幹線の高架を支える橋脚もかなりできている。

この日に仕事があるという江木さんは、午前七時過ぎにホテルを発っていった。大広間で中島さんと二人で朝食を食べていると、後藤さんがやつれた表情で入ってきた。実家のある九州で御祖父《おじい》さまが亡《な》くなられたという。今日の取材には同行するが、終わりしだい九州に急行することになった。

午前八時半、ホテルからタクシーに乗り、「常宮《じょうぐう》神社へ」と告げる。昨日訪れた常神社とよく似た名前の神社だ。それもそのはず、この神社もまた神功皇后とゆかりがある。仲哀天皇が角鹿を発ったあと、神功皇后は二月から六月まで常宮にとどまり、六月の卯《う》の日に発って豊浦津《とゆらのつ》（現・山口県下関市）に向かったという伝説が残っているのだ。

常神社が常神半島にあるのに対して、常宮神社は敦賀半島にある。氣比神宮と常宮神社は敦賀湾をはさんで向かい合っていて、前者が本宮、後者が奥宮ないし摂社の関係にある（谷川健一編『日本の神々　神社と聖地　第八巻　北陸』、白水社、一九八五年）。

敦賀半島は常神半島よりも大きく、北部の海沿いには敦賀、美浜の二つの原発と、高速増殖炉「もんじゅ」がある。常宮神社は、敦賀原発へと通じる県道141号沿いにある。

タクシーは敦賀市街を通り抜ける。右手に日本三大松原の一つとして知られる気比の松原が見え、それが切れると敦賀湾が広がった。もう半島に入っていて、海沿いの道をひたすら北上する。対岸には北陸電力の敦賀火力発電所や、かつてはウラジオストクとの間を結ぶ定期船が発着した敦賀港が見える。

急にまた空が暗くなってきて、ポツポツと雨が降りだした。やはり予報は当たったようだ。半島の中ほどにある常宮神社に着いたとき、初めて折りたたみの傘を取り出した。

拝殿とおぼしき木造の建物がある。すぐ目の前は敦賀湾だ。能舞台のようながらんとした建物で、湾の向こうに対座する本宮、氣比神宮の拝殿になっているように見えた。

二の鳥居の扁額には、「常の宮」とあった。常神社とよく似ている。けれども常神社で感じたほどの濃密な空気は流れていなかった。常神半島に比べると、市街地に近く、原発のある敦賀半島のほうが開発が進んでいる印象を受ける。

ここまで来たからには、敦賀原発を一目でも見ておきたい。そう思ってタクシーの運転手に告げた途端、中島さんのスマホの警報音がけたたましく鳴った。巨大地震が起き、敦賀市が警戒事態発生を呼びかけている。原発の安全確認も行われているというメッセージが届いたらしい。一瞬、大変な事態が起こったと顔をこわばらせる。

けれども全く揺れは感じない。おかしいなと思ってスマホをよく見ると、小さな文字で「訓練」と表示されている。なんだと思って胸をなでおろしたが、よりによってなぜ原発を見に行こうとしたときに警報音が鳴るのか。これもまた禁忌に触れたからなのか。

ちょっといやな予感がしたが、それでも構わず運転手に敦賀原発まで行くよう告げる。タクシーは再び海岸線に沿う県道１４１号を北上する。沓《くつ》、手《て》といった、いかにも古そうな漢字一文字の集落が続いて現れる。

まもなく沖合に、水島という小さな細長い無人島が見えてきた。夏の海水浴のシーズンだけ船が出るという。透明度の高い水質と白い砂浜から、「北陸のハワイ」と呼ばれているらしい。

このあたりから雨が強まってきた。半島の突端に近い明神町の敦賀原発に着いたときにはどしゃ降りになっていた。正式には「日本原子力発電敦賀発電所」と言い、1号機と2号機があるが、1号機は廃止され、2号機も運転を停止している。3号機と4号機の建設も予定されていたが、建設の目処《めど》は立っていない。

禁忌の場所に入るなと言わんばかりに、職員が一人飛び出してきた。不審な車がやってきたと思われたのだろう。この豪雨では外に出ることもできないので、一瞥《いちべつ》しただけで引き返す。さすがに職員は追ってこなかった。

常宮に戻ってくると、また雨は止《や》んだ。おとなしく戻ってきたせいだろうか。胎中に応神天皇をはらみながら対外戦争にうち勝つ神功皇后と、原子炉内でウランを核分裂させながら巨大な熱エネルギーを得る原発。敦賀半島ではこの二つがどこかでつながっているような気がした。

敦賀駅前でタクシーを降りて構内の売店に向かう。帰りの車内で食べるため、明治時代から売られているという名物駅弁「元祖鯛鮨《たいずし》」を買おうとしたら、「鯛の舞」があったので名称にひかれてそちらを買う。前述の『日本書紀』の記述を意識しているかどうかは知らないが、いかにも敦賀にふさわしいネーミングではないか。10時26分に敦賀を出る金沢行きの特急「しらさぎ3号」に乗る。自由席でも席が空《す》

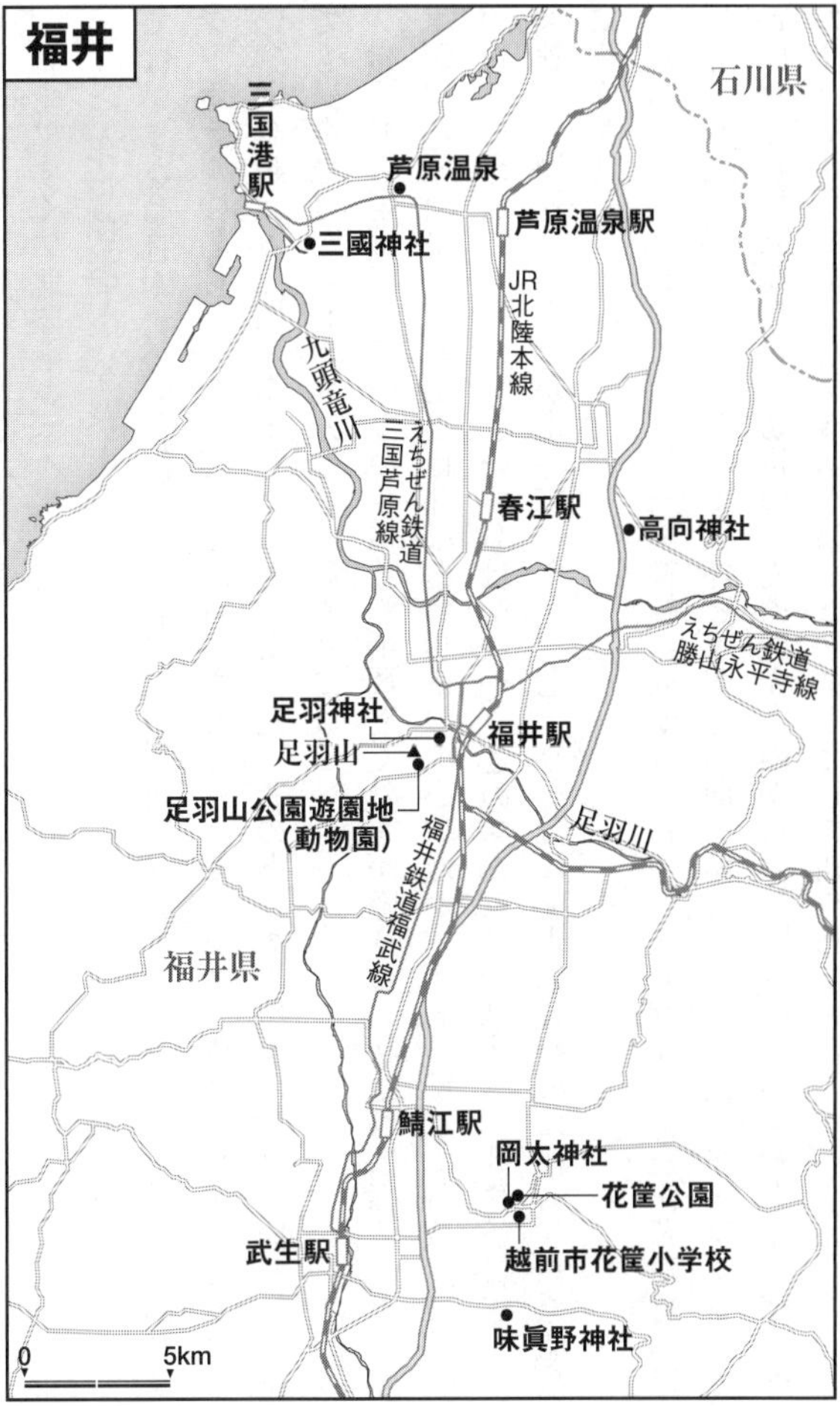
福井
石川県
三国港駅
芦原温泉
芦原温泉駅
三國神社
JR北陸本線
九頭竜川
えちぜん鉄道三国芦原線
春江駅
高向神社
えちぜん鉄道勝山永平寺線
足羽神社
福井駅
足羽山
足羽山公園遊園地
（動物園）
足羽川
福井鉄道福武線
福井県
鯖江駅
岡太神社
花筐公園
越前市花筐小学校
武生駅
味眞野神社
0
5km

いている。ここからは継体天皇の史跡を回る手筈《てはず》になっている。

列車はすぐに北陸トンネルに入る。温泉が湧出して二年後に当たる一九六二（昭和三十七）年に開通した全長一三八七〇メートルのトンネルで、在来線のトンネルとしてはいまなお日本で最も長い。一九七二（昭和四十七）年十一月六日には、北国グランドホテルの名称にもなっている急行「きたぐに」がトンネル内で火災を起こし、七〇〇人を超える死傷者を出したこともあった。このトンネルを抜けると、同じ福井県でも嶺南《れいなん》地方から嶺北《れいほく》地方へと入ることになる。

嶺北でも雨は降っていない。福井で半数近くの客が降りる。私たちは福井の次の停車駅、芦原温泉で降りた。福井県あわら市の中心駅だが、駅名に反して芦原温泉は駅の近くにはない。もともとの駅名は金津《かなづ》で、この駅から三国港まで（戦後は芦原まで）国鉄の三国線という線が走っていたが、七二年三月に廃止されたのに伴い、芦原温泉に改称された。

駅前からタクシーに乗り、三國神社に向かう。途中、えちぜん鉄道三国芦原線の踏切を渡った。三国線に代わって福井と三国港の間を結んでいる線だ。アテンダントと呼ばれる女性乗務員が、切符の販売や観光案内から乗り降りの際の高齢者や身障者へのサポートまでをこなす親切な第三セクターとして知られている。

あわら市から坂井市に入る。目指す神社は、三国の中心部よりも南東側の、福井県随一の大河である九《く》頭竜《ずりゅう》川の河口付近にあった。

前述のように、三国は『日本書紀』で継体天皇の母である振媛の出身地とされ、振媛とともにいた継体を天皇として迎えるべく、使者がやって来たところとされている。社伝では、継体が死去したのち、三国の地が天皇の故地であったことから、朝廷の命により天皇の神霊をまつったとしている（前掲『日本の神々　神社と聖地　第八巻　北陸』）。

その後いったん衰退したが、十六世紀後半に山王宮として再建され、滋賀県大津市の日吉《ひよし》大社や千代田区の日枝《ひえ》神社と同様、大山咋命《おおやまくいのみこと》（山王権現）を祭った。明治維新とともに桜谷神社と改められて継体天皇が合祀《ごうし》され、一八八五（明治十八）年には三國神社と改称された。

境内は広い。鳥居をくぐると県指定文化財の随身門《ずいしんもん》がある。この門を通ると参道が右に折れ、奥の拝殿や本殿へと向かう石段が続いている。雨が降ったのか濡《ぬ》れていてよく滑る。何度か体勢を崩しそうになった。

拝殿のなかには、右に「大山咋命」、左に「繼體天皇」と書かれた扁額《へんがく》が並んで掲げられていた。右が主祭神、左が脇祭神となる。境内を見回した中島さんが、「あまり継体天皇を前面に出してはいませんね」と言う。神社の所在地が坂井市三国町山王となっているように、いまでも山王宮としての意味合いのほうが強いのかもしれない。
タクシーで芦原温泉駅に戻り、駅前の食堂「しのぶ庭」に入る。もともと蕎麦屋《そばや》だったのか、越前そばのメニューが充実している。後藤さんはソースヒレかつ丼《どん》と越前おろしそばのランチセットを、中島さんと私は単品の越前おろしそばを注文し、焼き鯖寿司を分け合うことにした。中島さんは、昨夜の浜焼き鯖の食感がまだ残っているようだった。

昨夜のそばが黒くて細かったのに対して、今日のそばは茶色くて平べったい。一口に越前そばと言っても、同じ県内でこうも違うのかと驚いた。二〇一八年七月に訪れた旭川や同年十月に訪れた和歌山ではラーメンを食べたけれど（三、四章を参照）、段々年をとってくるとラーメンよりもそばの方が好物になってくる。

芦原温泉を12時37分に出る普通福井行きに乗り、二駅目の春江で降りる。またタクシーに乗り、「高向《たかむく》神社へ」と告げたところ、運転手がわからないらしく、無線で連絡をとっている。

ようやくわかって走り始めると、「神社に行く客なんてめったにないもんですから。市役所の方ですか」と訊《き》かれる。後藤さんが「いや、歴史に興味がありまして。継体天皇ってご存じですか」と逆に問うと、運転手は考え込んだ末、「ああ確か、福井にしばらくいて、川の治水工事をやった天皇ですよね。でもなんで天皇が福井なんかにおったのやろう」とまた問い返してきた。「それをいま調べているんですよ」と答えたが、どうやら福井県では継体天皇に関する伝説がかなり浸透しているようだ。

　高向神社は住宅地のなかにあった。所在地は坂井市丸岡町高田で、『日本書紀』に「越前国《こしのみちのくに》の邑《さと》の名」として出てくる高向という地名は残っていない。敷地は狭く、鳥居の左右に立っている国旗掲揚用のポールが立派に見える。

　足音に驚いたのか、黄緑色のアマガエルが何匹も飛び跳ねている。小さな本殿の脇には、「高向の宮跡」と記された説明板があった。

「日本書紀」によれば、五世紀の中頃近江国高島郡三尾《みお》に住んでいた彦主人王は、越の坂名井から振媛を妻として迎えた。振媛は男大迹王（後の継体天皇）を生んだが、まもなく彦主人王が亡くなったので、幼い男大迹王を連れて故郷の高向に帰り、養育したとある。

かっての、このあたりが継体天皇ゆかりの『高向の宮跡』であろうと推定される。

この説明文の左側には、振媛の肖像画が描かれていた。冠をかぶり、首飾りを幾重にも巻いている。ここもまた継体天皇よりはむしろ振媛のほうを前面に出しているように見える。

次に向かうべきは、福井駅に近い足羽山《あすわやま》だ。再び春江に戻り、北陸本線で二駅目の福井に移動してもよかったが、時間の都合上、タクシーで直行することにした。

国道8号を一気に南下して福井市内に入る。継体天皇の治水事業によって作られたとされる足羽川を渡り、路面を走る福井鉄道福武《ふくぶ》線の線路を横断すると、前方に足羽山が迫ってきた。標高は一一六・八メートルしかないが、周辺が平地のため高く見える。

曲がりくねった細い車道を上ってゆくと、継体天皇をまつる足羽神社に達した。天皇として即位するに際して、「末永くこの国の守り神とならん」と、自らの生き御霊《みたま》を鎮《しず》めて越前から旅立ったという伝説が残っている。

さらに歩いて階段を昇ると足羽山公園がある。一九〇九（明治四十二）年に皇太子嘉仁《よしひと》（後の大正天皇）が福井を訪れたときに整備された公園である。

足羽山の山頂に当たるこの公園に、継体天皇の石像が立っている。山頂から福井平野を眺めて治水の指揮をしたと伝えられているからだ。

石像は頭が大きく、マッチョな印象を受ける。歴代天皇の像は、神武や明治の銅像や陶像が全国に合わせて十数体あるのを除いてほとんどない。同様に公園に立つ天皇像としては、福岡市の東公園にある亀山上皇（一二四九～一三〇五）の銅像がある。だが亀山上皇の銅像は上皇が元寇《げんこう》をしりぞけるべく祈願したという事実に基づいて作られたのに対して、継体天皇の石像は伝説に基づいているという違いがある。

継体天皇は、母の振媛の故郷である三国のほうを向いている。しかし説明板には「明治十七年（一八八四）、内山基四郎を中心とした石工たちが、多くの伝説に語られる天皇の業績を顕彰するために立てた像」とあるだけだ。足羽神社にせよ足羽山公園にせよ、継体天皇が前面に出ている。三國神社や高向神社とは対照的である。

山頂からは、福井市街がよく見渡せた。足羽神社の由緒書に記された石像の説明文には、「現代でも福井の平和と発展を見守っています」とあった。伝説と事実がごちゃまぜになっている。

福井を14時36分に出る名古屋行き特急「しらさぎ10号」の自由席車両に乗り、次の鯖江《さばえ》で降りる。乗車時間はわずか八分。贅沢《ぜいたく》な乗り方だが、この区間は普通よりも特急のほうが本数が多いのでやむを得ない。

鯖江からまたタクシーに乗った。国道４１７号をしばらく進むと、鯖江市から越前市に入り、やがて同市粟田《あわた》部《べ》町に達する。二〇〇五（平成十七）年に武生《たけふ》市と今立《いまだて》町が合併して越前市ができたが、粟田部町は旧今立町の中心地域で、分庁舎や病院、コミュニティセンター、小中学校などが集まっている。

　粟田部町を見下ろす蓬莱山《ほうらいさん》（三里山）の麓に岡太《おかふと》神社がある。「縣社《けんしゃ》　岡太神社」という扁額が掲げられた朱塗りの一の鳥居をくぐるとすぐ拝殿があり、その左脇に「繼體天皇潜龍之聖迹《せんりゅうのせいせき》」と刻まれた碑が建っている。潜龍というのは、しばらく皇位につかず、これを避けている人物を意味する。

　粟田部町には、継体がこの地にとどまっている間に二十七代安閑《あんかん》天皇と二十八代宣《せん》化《か》天皇が生まれたという伝説がある。だがそれに当たる記述は、『日本書紀』のどこにもない。

　なぜこうした伝説が生まれたのか。室町時代に能楽を大成した世阿弥（一三六三？〜一四四三？）の謡曲「花筐《はながたみ》」では、現在の越前市に大迹部皇子《おおあとべのみこと》、すなわち即位前の継体が、照日《てるひ》の前と呼ばれる女性と住んでいたという設定になっている。この「花筐」が上演されることで、継体天皇ゆかりの地として流布《るふ》した可能性が高いのである。

　拝殿の左右に石段がある。これを上がると神《み》輿《こし》殿《でん》があり、さらに上がると二の鳥居、三の鳥居と本殿がある。この間の参道はモミジの木々に覆われている。いまはまだ一面の緑だが、秋の風景を想像してみたくなる。

岡太神社は、花筐《かきょう》公園という公園に隣接している。この公園には、継体が即位のためにここを離れる際に形見として残したと伝えられる「薄墨桜」や、安閑や宣化の産《うぶ》湯《ゆ》に使われたと伝えられる「皇子《おうじ》ヶ池」がある。

神社の近くにある花筐小学校では、小学生が「大迹の皇子〔継体天皇〕のその当時《かみ》に　かたみに植えし花筐　千代へし今も花の香は　教えの庭にかおるなり」という、明治時代につくられた校歌を歌うそうだ。世阿弥の影響力、まことにおそるべしである。

岡太神社よりも三キロあまり南の池泉町には、継体天皇をまつる味眞野《あじまの》神社が建っている。この神社の鳥居の右脇にも、「繼體天皇御宮跡」の石碑があり、境内には「謡曲花筐発祥之地」と刻まれた記念碑がある。

だが境内の杉林の区画は不自然に切り取られ、その隣には真新しい広場ができている。広場中央のアスファルトには巨大な赤のハートが描かれ、継体と照日の前の銅像がそれを見下ろしている。二〇一八年四月に越前市が「恋のパワースポット」として整備したらしい。

後藤さんが「いかにも自治体がまちおこしをねらって考えつきそうな発想ですね」

と言う。全くその通りだと思う。おかげでもともとあった神社の静謐《せいひつ》さが台なしになっている。この広場ができてから、市のねらい通り、恋愛の成就《じょうじゅ》を願いにわざわざやって来た男女は一体どれだけいたのかと疑いたくなった。

県道201号をタクシーで武生駅に向かう。武生は鯖江の隣駅で、ほとんどの特急が停まる。東京に戻るなら名古屋行きか米原行きの特急「しらさぎ」に乗るべきだが、継体が越前にいて樟葉宮で即位したという『日本書紀』の記述を信じるなら、むしろ湖西線経由大阪行きの特急「サンダーバード」に乗って京都に出て、京都で上りの新幹線に乗り換えるべきだろう。

樟葉宮は、京都と大阪の中間に当たる大阪府枚方《ひらかた》市にあったとされる。「サンダーバード」は、継体の出生地とされる滋賀県高島市を経由して京都に向かう。『日本書紀』巻第十七の継体天皇元年正月には、「甲申《きのえさる》に、天皇、樟葉宮に行至《いた》りたまふ」とあるだけだが、そのルートはこの特急の経路におおむね沿っていたのではないか。

武生に着くと、ちょうど16時22分発特急「サンダーバード32号」に間に合った。指定席よりも自由席の車両のほうが空いている。九州に向かうため京都から下りの新幹線に乗る後藤さんも、京都まで一緒に行く。

結局、天気予報に反して雨にはほとんど降られなかった。そう思っていたら、北陸トンネルを越えた途端、叩きつけるような雨が降ってきた。

列車が敦賀を出ると、また止んだ。ループ線を一回転して上り、近江塩津で北陸本線から湖西線に入ると、まもなく左手に琵琶湖が姿を現した。右手は遠く比叡山まで屏風《びょうぶ》のように連なる比良《ひら》山地が迫っていて、真っ黒な雨雲が渦巻いている。冬ならばこれが雪雲となり、日本海側と太平洋側の気候を分ける境界線になるのだろう。

しかし左手の空は明るい。

高架線を走るため、湖がよく見える。関西の人間は富士山の高さに圧倒されるようだが、私のような関東の人間は琵琶湖の広さに圧倒される。湖の上空には、もう秋の気配が漂っていた。

途中、安曇《あど》川《がわ》という駅を通過する。継体天皇の父の彦主人王が住み、継体が生まれたとされる滋賀県高島市の駅だ。湖の反対側に当たる駅の西方には、集落跡の遺跡がいくつも発見されている（前掲『継体天皇と朝鮮半島の謎』）。

継体天皇が越前から樟葉宮に向かう途中、生まれ故郷に立ち寄ったとすれば、ここを通ったはずだ。敦賀から京都までノンストップの特急から見える琵琶湖の風景に、かつて継体が目にしたはずの風景が重なって見えた。

八　聖母＝ショウモから聖母＝セイボへ

——神功《じんぐう》皇后・マリアとＪＲ筑肥線・松浦鉄道

聖母と言えば、イエス・キリストの生母マリアを指す言葉として、明治以降の日本に定着してきた。

この場合、聖母はセイボと発音する。だがもともとは仏教用語であり、聖人の生母という意味だった。それが中世の八幡《はちまん》信仰とともに応神《おうじん》天皇（八幡神）の母とされる神功《じんぐう》皇后に対する敬称として用いられるようになる。鎌倉時代に成立した八幡神の霊験を説いた寺社縁起『八幡愚童訓』では、神功皇后を「後ニハ神明ト顕《あらわし》テ聖母大菩薩《だいぼさつ》ト申キ」としている（『日本思想大系20　寺社縁起』、岩波書店、一九七五年）。

この場合、聖母はふつうショウモと発音する。『日本書紀』によれば、神功皇后は応神天皇を妊娠したまま朝鮮半島に出兵し、新羅《しらぎ》、高句麗《こうくり》、百済《くだら》を服属させる「三韓征伐」を行ってから、九州に戻って応神天皇を生み、マリア同様、母になっている。そこから神功皇后を聖母としてまつる信仰が出てくるわけだ。

『新約聖書』のマタイ福音書とルカ福音書によれば、マリアは夫のヨセフと交わりのないままイエスを受胎した。いわゆる処女受胎である。ルカ福音書には、天使ガブリエルがマリアに告げる次のような言葉がある。

見よ、あなたは子をさずかり、男の子が生まれる。その名をイエスとつけよ。その子は大いなる者となり、いと高きお方の子と呼ばれる。（中略）あなたから生まれるものは〝聖〟であり、神の子〟と呼ばれる。〟（『新約聖書　福音書』、岩波文庫、一九六三年）

マリアが聞いたのと似たような言葉を、神功皇后もまた聞いている。『古事記』でタケシウチ（建内宿禰）が審神者《さにわ》（古代の祭祀《さいし》で神託を受け、神意を解釈して伝える者）となり、神功皇后に伝えた神の言葉に注目してみたい。

建内宿禰沙《たけしうちのすくねさ》庭《にわ》に居て神の命《みこと》を請《こ》ひき。ここに教へ覚したまふ状《さま》、具《つぶさ》に先の日の如《ごと》く、「凡《およ》そこの国は、汝命《いましみこと》の御腹に坐《いま》す御子の知らさむ国ぞ」とさとしたまひき。

ここに建内宿禰白《まを》さく、「恐《かしこ》し。我が大神、その神の腹に坐す御子は、何《いず》れの子

にか」とまをせば、「男子《おのこご》なり」と答へて詔《の》りたまひき。（次田《つぎた》真幸《まさき》『古事記』中、講談社学術文庫、一九八〇年）

ここではまずタケシウチが神託を求めたところ、神が神功皇后に「腹にいるおまえの子（応神天皇）がこの国を治める特別の使命を帯びている」と語り、次いで神と一体になった神功皇后が、タケシウチの問いに対して懐妊したのは男子と答えている。神功皇后は仲哀天皇の后《きさき》であった。けれども、早世した仲哀が応神の父であることを示す記述はなく、応神がイエス同様、神の子であるかのような記述がなされている。『日本書紀』によれば、神功皇后は三韓征伐に際して男装している。戦争を行うには、女性であることを隠さなければならなかったからだ。しかし同時に、皇后は「母」でもあった。どちらの側面を重視するかによって、皇后のイメージは大きく変わってくる。

前章では、ＪＲ北陸本線と小浜線の沿線に当たる滋賀県から福井県にかけての神功皇后の史跡を訪ねた。神功皇后が妊娠する前の足跡が残るこの地域では、神功皇后は聖母としては認識されていなかった。ところが、神功皇后が妊娠してからの足跡が点在する福岡県から佐賀県にかけては、聖母信仰の痕跡《こんせき》が随所に残り、皇后は安産祈願の対象にもなっている。「線」で言えば、主にJR鹿児島本線、香椎《かしい》線、筑肥《ちくひ》線の沿線に相当する。

このうち、JR鹿児島本線の香椎には『日本書紀』に「橿日宮《かしひのみや》」と記された香椎宮がある。この神社は、鎌倉初期には「八幡聖母香椎宮」と記されるようになる。また香椎から分岐するJR香椎線の終点、宇美《うみ》は、その名の通り、神功皇后が応神天皇を生んだ場所とされ、宇美八幡宮が建っている。この境内にも神功皇后をまつる聖母宮がある。

昭和天皇の母で、神功皇后に思い入れをもっていた貞明皇后は、一九二二（大正十一）年三月に香椎宮に参拝している。そして「大みたま　吾《あ》が身に下り　宿りまし尽すまことを　おしひろめませ」という和歌を詠《よ》んでいる。神功皇后の霊との一体化を願う心境を詠んだのである。

JR筑肥線は、佐賀県の伊万里《いまり》で松浦鉄道西九州線に接続している。一九八八（昭和六十三）年に元国鉄の松浦線を転換した第三セクターである。

佐賀県と長崎県の沿岸部を走るこの線の沿線には、明治以降に建てられたカトリックの教会が点在する。カトリックではプロテスタントと異なり、三位一体の神への取り次ぎを願う仲介者として聖母マリアが重視されている。

カトリック中央協議会のホームページによると、長崎県を区域とする長崎大司教区の信者数は五万八千人あまりで、信者率は約四・四%と全国の教区のなかで突出して高い。イエズス会が布教を始めた安土桃山時代から江戸時代にかけていったん広がり、江戸時代の弾圧を経て明治以降に再び広がった。

長崎大司教区の中心というべき司教座聖堂が、長崎市にあるカトリック浦上《うらかみ》教会、旧称浦上天主堂である。一九四五(昭和二十)年八月九日の原爆投下に際しては、爆心地に近かったためにほぼ全壊した。信者で被爆した永井隆《たかし》(一九〇八~五一)は、昭和天皇の玉音放送が流れた八月十五日が聖母被昇天の大祝日に当たっていたことから、「浦上天主堂が聖母に献《ささ》げられたものであることを想《おも》い起します」と述べた(『長崎の鐘』、中央出版社、一九七六年)。戦争の終結を、聖母マリアの奇跡に結びつけたのだ。

長崎県に多かったのはカトリックの信者だけではない。松浦鉄道のたびら平戸口駅から近い平戸島や生月《いきつき》島などには、一八七三(明治六)年に禁教令が解かれ、潜伏する必要がなくなっても、江戸時代の信仰をずっと守ってきた隠れキリシタンがいた。

しかし一九九二(平成四)年に最後の組織が解散したことで、彼らは消滅したとされている。

筑肥線と
松浦鉄道
壱岐島
壱岐水道
玄界灘
能古島
福岡湾
香椎駅
山陽新幹線
筑前前原〜唐津
福岡空港
博多駅
姪浜駅
JR筑肥線
唐津駅
松浦〜平戸
松浦鉄道
伊万里湾
山本駅
佐賀県
久留米駅
北松浦半島
伊万里駅
福岡県
佐賀駅
平戸島
黒島
佐世保駅
有田駅
熊本県
カトリック植松教会
JR大村線
九州新幹線
長崎県
西彼杵半島
有明海
大村駅
長崎空港
カトリック浦上教会
雲仙岳
熊本駅
長崎駅
0
20km

作家の遠藤周作（一九二三～九六）は、カトリックの信者でありながら、わざわざ隠れキリシタンの里を訪れたときの体験をもとに、自伝的短編小説「母なるもの」を著している。この小説では、主人公の「私」が架空の島を訪れ、「乳飲み児《ご》をだいた農婦の絵」にしか見えない「キリストをだいた聖母の絵」を目《ま》のあたりにしたとき、「私」自身にもある「母なるもの」に対する信仰を見いだしている。

> 昔、宣教師たちは父なる神の教えを持って波《は》濤《とう》万里、この国にやって来たが、その父なる神の教えも、宣教師たちが追い払われ、教会が毀《こわ》されたあと、長い歳月の間に日本のかくれたちのなかでいつか身につかぬすべてのものを棄《す》てさりもっとも日本の宗教の本質的なものである、母への思慕に変ってしまったのだ。（『母なるもの』、新潮文庫、一九七五年）

カトリックは、聖母マリアを仲介者として崇敬しながらも、マリアそのものを崇拝する宗教的行為を禁じている。だが「私」が見いだしたのは、まさに聖母そのものに対する信仰だった。その信仰は、神功皇后を聖母としてまつる信仰に通じるものがあるように見える。

ＪＲ筑肥線と松浦鉄道を乗り継ぎ、九州北部の沿岸地域に点在する神功皇后をまつる神社やカトリック教会、そして隠れキリシタンの史跡を訪れれば、聖母＝ショウモから聖母＝セイボへの連続と断絶を確かめることができるはずだ――そんな予感をひそかに抱きながら、最後の旅に出ることにした。

二〇二〇（令和二）年二月二十日、羽田を9時45分に出るＡＮＡ２４７便に乗り、福岡に向かう。今回もまた後藤結美さん、江木裕計さん、中島輝尚さんが同行する。新型コロナウイルスの感染予防のためか、機内にはマスクをした乗客が目立った（厚生労働省のホームページによれば、この日の正午現在、国内の感染者数は七十人だった）。

正午前に福岡空港に着く。晴れていて暖かい。乗りたい地下鉄の発車時刻まで三十分しかないため、空港でとんこつラーメンを食べる。福岡出身の後藤さんが一番食べるのが早い。バリカタで替え玉を注文する手際《てぎわ》も鮮やかだ。

福岡空港を12時36分に出る筑前前原《まえばる》ゆきに乗る。この電車は途中の姪浜《めいのはま》まで福岡市地下鉄空港線の線路を走り、姪浜から先はＪＲ筑肥線に乗り入れる。筑肥線はもともと博多を起点としていたが、地下鉄の開通と引き換えに一九八三（昭和五十八）年に博多―姪浜間が廃止され、姪浜が起点となった。

出発したときには席が埋まっていたが、博多や天神で客が降り、少しずつ空《す》いてきた。ここでもマスクをした客が多い。姪浜の手前で地上に出て高架になる。右手の車窓に福岡湾が見えてくると身構えていたのに、高層マンション群に遮られてよく見えない。まるで西武池袋線の練馬あたりのようだ。

　姪浜というのは、神功皇后が三韓征伐からの帰途に上陸した際、濡《ぬ》れた服（衵《あこめ》）を洗って干したことから「衵ノ浜」と称されたことに由来するという。姪浜の沖合に浮かぶ能古島《のこのしま》の名も、三韓征伐からの帰国の際に神功皇后が住吉大神の神霊を残しとどめて異国降伏を祈ったことに由来するとされる。

　姪浜を過ぎるとようやく右手に福岡湾と能古島が現れた。しかし、このあたりの伝説が神功皇后一色かというと、決してそんなことはない。周船寺《すせんじ》から筑前前原にかけては『魏志倭人伝《ぎしわじんでん》』に出てくる伊都《いと》国の地とされており、伊都国歴史博物館もある。伊都国は邪馬台国《やまたいこく》連合の中心的な国とされており、卑弥呼《ひみこ》はその女王と見なされている。『日本書紀』には、卑弥呼を神功皇后に見立てた記述もあるが、生涯独身だった点は神功皇后と異なる。

　福岡市に隣接する糸島市の中心駅、筑前前原には13時24分に着いた。タクシーで宇《う》美《み》八幡宮に向かう。

車は長野川に沿う福岡県道12号を南下し、長嶽山《ながたけ》の麓《ふもと》で停まった。三つの鳥居が連なる参道には藤棚《ふじだな》がある。運転手によると、見ごろになる四月下旬には多くの花見客でにぎわうそうだ。けれどもいまは誰もいない。三の鳥居の向こうには長嶽山上に通じる石段が延びている。神社の本宮は山上にあるため、麓からはよく見えない。

この宇美八幡宮は長野八幡宮とも呼ばれていて、前述した宇美町の宇美八幡宮とは場所が異なる。有名なのは、神功皇后が応神天皇を生んだとされる宇美町の宇美八幡宮のほうだ。しかし同じような伝説が、こちらの宇美八幡宮にもある。『日本書紀』巻第十では応神天皇につき「筑紫《つくし》の蚊田《かだ》に生れませり」と記されているが、「蚊田」は筑前国怡土《いと》郡長野村蚊田を指すという説があるのだ（『日本書紀』二、岩波文庫、一九九四年）。この説が正しければ、応神天皇は宇美町ではなく、糸島市で生まれたことになる。

石段の左側にあった推定樹齢千年を超える神木のイチイガシは、二〇一九年九月の台風17号で根こそぎ倒れてしまった。いまなお無残に倒れたままの太い幹や根が剝《む》き出しになっている。

長い石段を上がったところに本宮があった。見晴らしはよいが海は見えない。本宮は横長の建物で、正面に拝殿、その奥に本殿がある。拝殿の脇《わき》には、台風の被害からの復旧などに必要な募金を呼びかける看板が立っていた。

　拝殿のなかをのぞくと、氏子が奉納したと思われる何枚かの絵が飾られている。そのうちの一枚に目がとまった。中央に幼子を抱いた女性が描かれ、そのすぐ左側にはヒゲを生やした男性がひざまずいている。右側にはお産を助けた女官とおぼしき女性が立っている。

　中央の女性は神功皇后、幼子は応神天皇、ヒゲを生やした男性はタケシウチだろう。神功皇后は刀をさし、髪を後ろに束ねていて、男装しているようにも見える。皇后が男装して三韓征伐を行ったとする『日本書紀』の記述を踏まえたのかもしれない。男装して戦う猛々《たけだけ》しい皇后像と、幼子を抱く「母」としての皇后像の双方が、一つの絵のなかに混在しているかのようだ。

　千代田区の日枝《ひえ》神社の宝物殿には、江戸時代に製作された、山王祭で使われる山車《だし》人形が二座展示されている。その一つは神功皇后で、もう一つはタケシウチだ。やはり神功皇后は男装しているのに対して、タケシウチは幼子を抱いている。それに比べれば、まだしも宇美八幡宮の方が聖母としての皇后像を取り込んでいるように思われた。

　長嶽山の山上一帯には、五世紀から六世紀にかけて築造された十四基からなる古墳群がある。そのうち最も南にある1号墳は「奥の院古墳」と呼ばれ、宇美八幡宮の上宮になっている。

本宮から上宮へと通じる道の両側はスギで覆《おお》われている。すでに関東では花粉が飛んでいて、数日前から花粉症の症状が現れていた。だがここではまだ花粉が飛んでいるようには見えない。鼻がぴくりとも反応しないからだ。

宇美八幡宮の拝殿の中にある絵の一つ。中央の女性は神功皇后、幼子は応神天皇であると思われる。

上宮は仲哀天皇の陵《みささぎ》とされ、香椎宮に安置していた天皇の柩《ひつぎ》を移したという説がある。神功皇后が朝鮮半島に出兵している間の仮埋葬地だったという説もある。だが実際に訪ねてみると、「上宮」という扁額《へんがく》が掲げられた木製の簡素な鳥居が立っているだけだった。

タクシーは福岡県道49号を西に向かい、筑肥線の踏切を横断する。筑前前原まで複線だった線路が単線になっている。唐津街道と呼ばれる国道２０２号に合流すると、右手に玄界灘《げんかいなだ》が現れる。この海を見下ろす小高い丘の上に、鎮懐石《ちんかいせき》八幡宮が鎮座している。

鎮懐石というのは、出産を遅らせるために用いた石を意味する。神功皇后が三韓征伐の際、身ごもっていた応神天皇が戦いの最中に生まれるのを防ぐため、二つの石を腰にはさんで鎮《しず》め、帰路この地を通ったときに石を丘の上に納めたとされている。『日本書紀』や『古事記』にも出てくるこの石こそ鎮懐石であり、神体になっている。

後藤さんが「ジンチョウゲの匂《にお》いがしますね」と言う。よく見ると、鳥居の近くに花壇があり、春の到来を告げる淡紅色の花々が咲いていた。

鳥居をくぐると、石段が二手に分かれている。向かって左手は近道に当たる急な石

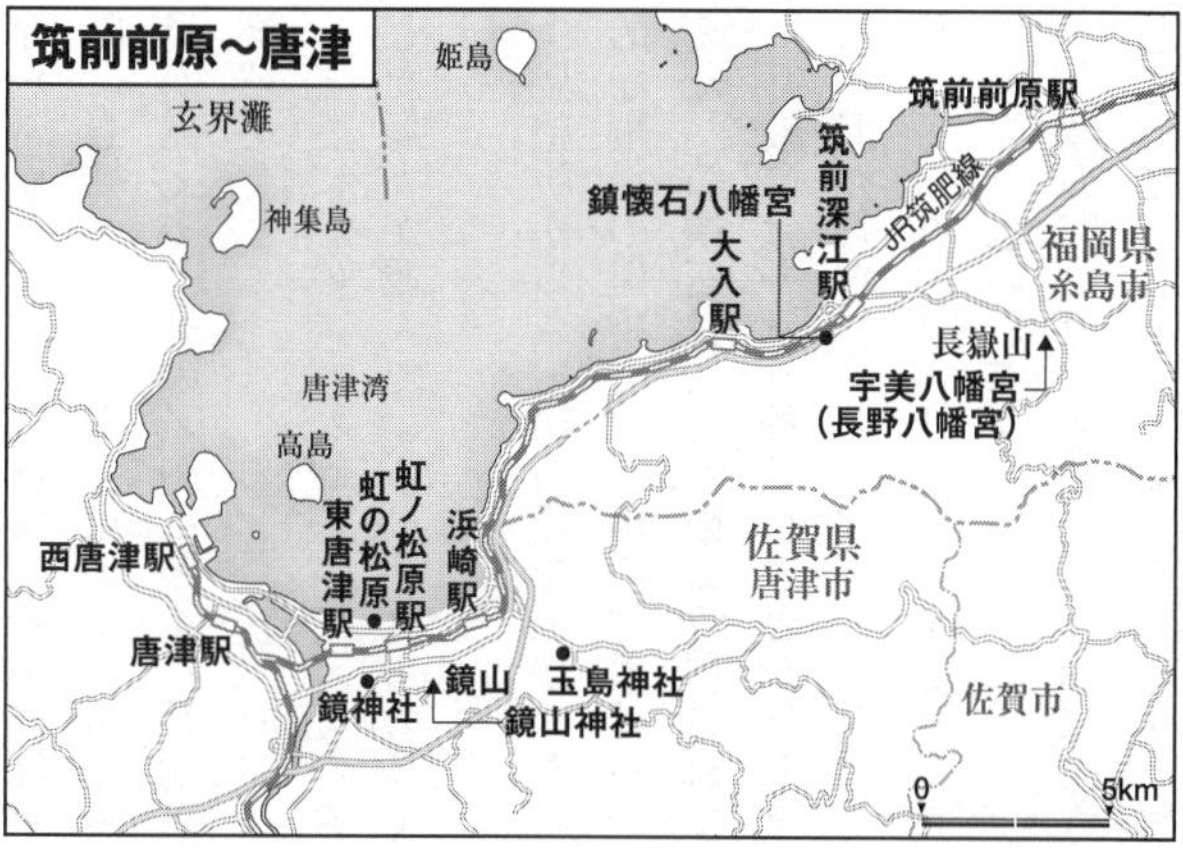

段、右手は回り道に当たるゆるやかな石段だ。どちらを上がっても、同じ丘の上の展望所に達する。

展望所からは、筑肥線の筑前深江—大入《だいにゅう》間の線路が参道と交差しているのが見える。しばしば踏切の警報機が鳴り、西唐津ゆきの下り電車や福岡空港ゆきの上り電車が通る。本数はそれぞれ一時間に二本のはずだが、単線のため同じ線路に上下の電車が通ることになる。

車両は福岡市地下鉄の場合もあれば、ＪＲ九州の場合もある。先ほど福岡空港から筑前前原まで乗った車両は福岡市地下鉄だった。江木さんが鉄道マニアでもないのに、「ずっと見ていても飽きませんね」と言う。

線路の向こうには玄界灘が広がり、沖合に

浮かぶ島々が眺められる。中央に浮かぶお椀《わん》を逆さにしたような島は姫島で、その左側に壱岐《いき》がうっすらと見える。ちなみに壱岐にも聖母宮がある。さらに左側には神集《かしわ》島が見える。その名のごとく、神功皇后が神々を集めて戦勝を祈願したとされる島である。

まさに春のような暖かさで、くっきりと浮かび上がる水平線の上にさまざまな形をした島々が並んでいる。それらの多くに、神功皇后の三韓征伐に関する伝説が残っている。

展望所からさらに石段を上がったところに拝殿と本殿がある。宇美八幡宮とは対照的な縦長の建物で、手前の拝殿は古いのに奥の本殿は新たに建て増しをしたように見えた。鎮懐石はこの本殿に安置されているのだろう。

拝殿にはやはり神功皇后とおぼしき女性の絵が飾られていた。額の右側に「明治卅六年旧九月吉日」の文字が、左側に「金比羅《こんぴら》講中」の文字が見えることから、明治時代に香川県の金刀比羅宮《ことひらぐう》に参詣《さんけい》するために組織された金比羅講に属する氏子が奉納したものと思われる。

女性の腕には、応神天皇とおぼしき幼子がぶら下がっている。女性は白い髪を垂らしていて、神々《こうごう》しく見える。宇美八幡宮の絵とは異なり刀はさしておらず、そのぶん幼子を抱く聖母としての皇后像が強調されている。

次に目指すべきは、糸島市に隣接する佐賀県唐津市の玉島神社だ。タクシーは国道２０２号のバイパスになっている西九州自動車道に深江ランプから入り、浜玉インターで降りた。右手に玄界灘を望むこの区間は、筑肥線の筑前深江—浜崎間にほぼ沿っている。

玉島神社は、佐賀市と唐津市を結ぶ国道３２３号沿いの小高い丘の上にあった。『日本書紀』によれば、神功皇后は朝鮮半島に出兵するのに先立ち、玉島里の小川のほとりで吉凶を占おうとして川のなかの岩に上がり、釣り糸を垂れると鮎《あゆ》がかかった。皇后はその魚を「希見《めずら》しき物」と言ったことから「梅豆邏国《めずらのくに》」という地名が生まれ、「メズラ」がなまって「マツラ」になり、それが現在の佐賀県と長崎県にまたがる肥《ひ》前《ぜん》国の郡名である「松浦《まつら》」になったという。皇后が占いをしたとされる玉島川のほとりに、神社が建てられたのだ。

この神社はもともと聖母神社と称し、江戸時代に玉島神社に改められたという説がある。聖母は「ショウモ」ではなく「ショウモン」と読んだらしいが（『浜玉町史』下巻、佐賀県浜玉町教育委員会、一九九四年）、ここでも神功皇后は聖母と見なされていたわけだ。

国道に面して、「神功皇后宮」の扁額がかかった鳥居が立っている。この扁額そのものが、神社の性格を物語っている。鳥居の先には、両側を石垣にはさまれた狭い石段が境内へとまっすぐに延びている。

境内は狭かった。拝殿の左右には「奉納　安産祈願」と記された赤い幟《のぼり》が二本立っていたが、拝殿の扉は閉ざされていた。境内の片隅には白梅がひっそりと咲いていて、後藤さんがしきりに写真を撮っている。眼下には国道に沿うようにして玉島川が流れていた。

玉島神社に近い国道沿いには、「垂綸石《すいりんせき》」と呼ばれる岩があった。神功皇后が川のなかで上がって釣り糸を垂れたとされる岩が保存されているのだ。だが三重県の二見浦にある夫婦岩《めおといわ》のようにしめ縄が張られているわけでもなく、ただの岩にしか見えなかった。

国道３２３号を折り返し、国道２０２号との交差点を左折して唐津方面に向かう。その途端、前方にどっしりとした台形の山が迫ってきた。「あれが唐津のシンボル、鏡山です」と運転手が言う。標高は二八四メートルなのに、海に近いせいかもっと高く見える。

タクシーは「鏡山」の扁額がかかる朱塗りの大きな鳥居をくぐり抜け、つづら折りの道を一気に山頂まで上がる。しだいに視界が開け、眼下には筑肥線の駅名にもなっている虹《にじ》の松原が眺められる。前章でタクシーから見た気比《けひ》の松原同様、日本三大松原の一つとされているが、気比の松原よりもずっと大きい。

山頂には鏡山神社があった。神功皇后が三韓征伐に先立ち、戦勝を祈願するため鏡を山頂に埋めたとされる神社だ。鏡山の名もこの伝説に由来している。しかし朱塗りの大鳥居を見たときから、ちょっと怪しいものを感じていた。その予感は的中したようで、社殿はやけに新しく、狛犬《こまいぬ》の代わりに狐《きつね》の石像が立つ稲荷《いなり》神社にすっかり変わっていた。神社の由緒《ゆいしょ》を記す案内板にも、神功皇后に関する説明は見当たらなかった。

唐津市内にはもう一つ、「鏡」の付く神社がある。鏡山の西側の麓に位置する鏡神社である。一ノ宮と二ノ宮と呼ばれる二棟の本殿があるが、神功皇后がまつられているのは一ノ宮のほうだ。鏡山神社と異なり平地にあるため、眺望は全く利《き》かない。二の鳥居をくぐると両脇に手水舎《ちょうずや》がある。ここから出る水は霊水と呼ばれている。

　昔、神功皇后が隣国進攻の為《ため》、当地に到着されました。皇后はその時懐妊されておられ、陣痛が激しく起ったので、ある土人がこんもりと生い茂った林の中にこんこんと湧《わ》き出る清水《しみず》があり、これを汲《く》んで皇后に差し上げて、お飲みになられた所、忽《たちま》ちにして御回復なされました。そして無事安産となり、その御子《みこ》応神天皇にお在《ま》しまして御長命を保たれました。土人等畏《かしこ》みて、この皇后を安産子安の神と称《たた》え、この清水を安産長寿の霊水として、後世語り伝えられる事となり、今に懐胎者のよき飲料水と信じ仰がれています。

手水舎に掲げられたこの説明文を見ると、祭神の神功皇后は安産長寿の神とされている。やはり猛々しい皇后像よりも、聖母としての皇后像のほうが前面に出ているのがわかる。

鏡神社からタクシーでJR唐津駅に向かう。唐津市の中心部にあり、筑肥線と唐津線が乗り入れる高架駅だ。筑前前原から唐津まではやむなくタクシーを使ったが、唐津からはまた筑肥線の下り列車に乗って今夜の宿泊地、伊万里に向かう。

といっても、筑肥線の電化区間は唐津までで、唐津―伊万里間を往復しているのは国鉄時代の車両を思わせる一両編成のディーゼルカーだ。しかも途中の山本までは、佐賀と西唐津を結ぶ唐津線と同じ単線の線路を走る。

正確に言うと、唐津―山本間は唐津線であって、筑肥線は唐津線の線路を借りて走ることになる。一九八三（昭和五十八）年に筑肥線のルートが変わり、虹ノ松原―唐津間が開通する代わりに虹ノ松原―山本間が廃止されたことから、路線が姪浜―唐津間と山本―伊万里間に分断されてしまったのだ。

17時32分、伊万里行きのワンマン普通列車が唐津を発車した。乗っているのは、帰宅途中の高校生ら数名ばかりで、観光客らしき姿はない。東京よりは日の入りが四十分も遅いため、まだ空は明るい。車窓からは黄色く染まった菜の花畑が眺められるが、松浦川に沿って内陸を走るため海は見えない。

終点の伊万里には18時24分に着いた。国鉄の松浦線を前身とする第三セクター、松浦鉄道西九州線との乗換駅なのに、筑肥線のホームはどん詰まりの頭端式《とうたんしき》になっていて、まるで終着駅のようだった。

松浦鉄道の駅は、道路を隔てた反対側にあった。こちらの方が、もともとあった伊万里駅だ。一つにつながっていた線路は分断され、二つの伊万里駅ができている。国鉄やＪＲから第三セクターに移管されると別の駅舎がつくられる場合はあるが、ここまではっきりと別々にするのは珍しいのではないか。

駅に近い伊万里グランドホテルに荷物を預けてから、市内の焼肉店に向かう。店を予約した後藤さんによると、伊万里は魚介類よりも「伊萬里牛」と呼ばれる牛肉のほうが名物だという。

中島さんが絶対に外せないというハラミを手始めに、タン塩、カルビ、ホルモンなど定番の品々をどんどん注文する。自社牧場からの直送という肉はどれも新鮮で柔らかく、するりと喉《のど》を通り過ぎてしまう。徹底して焼肉だけで勝負しているせいか、好物の冷麺《れいめん》のようなサイドメニューはなかった。

翌朝、六時半に起きてカーテンを開けてみると、空がまだ暗く、車がライトを点《つ》けて走っている。東京よりも日の入りが遅いぶん、日の出も遅いのだ。朝食バイキングの会場に行ってみると、若い男女の団体でごった返している。どこかの企業の社員が研修のために泊まっていたのかもしれない。

昨日と同じようによく晴れている。ＪＲ筑肥線の伊万里駅と道路一つ隔てた松浦鉄道の伊万里駅に向かい、8時42分発の佐世保行きの普通列車に乗る。一両編成のディーゼルカーだが、前日に乗った筑肥線の車両とは異なり、第三セクターでよく見かける運賃箱を備えたレールバスの車両だった。

松浦鉄道は、複雑な海岸線で海に突き出た北松浦半島をぐるりと回る線で、国鉄時代に宮脇俊三《みやわきしゅんぞう》（一九二六〜二〇〇三）が『時刻表ひとり旅』（講談社現代新書、一九八一年）

で「ローカル線10傑」の一つとして挙げるほど景色がいい線として知られている。

通常の乗車券とは別に、乗り降り自由の一日乗車券が発売されている。途中の区間でタクシーを使っても一日乗車券のほうが割安だと言う後藤さんが、発車間際に乗り込んできた運転士から直接四人分を買い求めた。

定刻に発車すると、列車は右手に細長く切れ込んだ伊万里港や伊万里湾を見ながら進んでゆく。江戸時代には、伊万里港から「古伊万里」と呼ばれる磁器が国内はもとより遠くはヨーロッパまで運び出された。さかのぼればこの磁器の製造も、豊臣秀吉（一五三七〜九八）の朝鮮出兵で多くの陶工が佐賀藩に渡ってきたことに由来している。

伊万里を出たときに同乗していた通勤客や老人たちは、工場や病院の最寄り駅で降りていった。福島口を過ぎて佐賀県から長崎県に入り、小さな半島をトンネルで越えて今福《いまぶく》を出ると、こんどは玄界灘が右手の車窓いっぱいに現れた。線路が岸壁ぎりぎりに敷かれているから、遮るものが全くない。

おかげで沖合に浮かぶ鷹島《たかしま》や飛島などの島々がよく見える。六章で乗ったＪＲ山陽本線からも瀬戸内海の島々が見えたが、あれほど近くに見えるわけではなく、山陽よりはむしろ山陰に近い感じがする。

再び工場が増えてきたと思うと松浦に着く。神功皇后に由来する地名であることはすでに述べた通りだ。松浦を過ぎると右手に巨大な松浦火力発電所を眺めながら急勾《きゅうこう》配《ばい》を上り下りし、9時30分に御厨《みくりや》という駅に着いた。

無人駅だがタクシーが停まっている。予約しておいたこのタクシーに乗り、まず駅に近い高台にあるカトリック御厨教会に向かう。

なぜこんなところに教会があるのかと言えば、かつて北松《ほくしょう》炭田と呼ばれる炭鉱がこの一帯にあったからだ。そこで働く信徒のために一九五八（昭和三十三）年に建てられたのが現在の御厨教会だった。わざわざ教会を建てなければならないほど、炭鉱労働者の多くがカトリックの信徒だったということだ。

教会の入口に、「ロザリオの聖母」と石碑に刻まれた聖母マリア像が立っていた。教会自体は簡素な建物で、三角屋根に立つ十字架がなければ、かつて日本住宅公団の阿佐ヶ谷住宅などにあったようなテラスハウスと見間違えたとしてもおかしくはあるまい。

教会は扉が閉まっていると、内部を見ることができない。御厨教会はあいにく無人で閉まっていたが、象徴の色である青いマントをまとい、招き入れるように両手を広げる聖母像は、カトリックで「大聖年」とされる二〇〇〇（平成十二）年に建立《こんりゅう》されたことがわかった。

御厨の次の駅は西木場《にしこば》だ。この西木場駅の近くの小高い丘にもカトリック西木場教会がある。引き続きタクシーで行ってみることにした。

西木場は明治中期に五島列島や佐世保の沖合に浮かぶ黒島などから渡ってきた信徒が多く移住した地であり、大正末期には民家を改造した教会ができていた。ザビエル渡来四百年に当たる一九四九（昭和二十四）年には、記念事業として木造の教会が建てられた。設計したのは、長崎県の教会を多く手掛けた五島列島の中通《なかどおり》島出身の鉄川与《てつかわよ》助《すけ》（一八七九～一九七六）だ。このため御厨教会とは異なり、一目で教会とわかる外観が目をひいた。

正面中央に聖堂よりも高い、三階建ての鐘塔がそびえている。鐘塔の屋根は八角形のドームで覆われ、てっぺんには十字架が立っている。鐘塔の背後には三角屋根の聖堂が接している。鐘塔も聖堂も、縁取りは茶色、壁面は肌色の落ち着いた配色で統一されている。

教会のすぐ横にあった家には、関係者らしき男性がいた。内部への立ち入りを希望すると、撮影しないことを条件にあっさりと認めてくれた。扉のガラスに「無原罪マリア」と記された脇の入口から鍵《かぎ》を開けて聖堂に入る。

一番奥の中央に祭壇があり、右に聖母マリア、左に夫の聖ヨセフとおぼしき像がある。驚いたのは、マリアが単独なのに、ヨセフは幼子イエスを抱いていたことだ。糸島市の宇美八幡宮の拝殿に飾られた、男装した神功皇后が応神天皇を抱く絵を一瞬思い出した。

だがここでは、マリアは女性らしく、ヨセフは男性らしく彫られている。トランスジェンダーの発想はない。どう見ても、聖母子像ならぬ「聖父子像」にしか見えないのだ。

聖父子像は五島の教会などにもあるようだが、扉のガラスに記された「無原罪マリア」との関係が気になった。無原罪マリアというのは、聖母マリアが神の恵みの特別なはからいによって、はじめからあらゆる罪の汚れを免れていたことを意味する。このマリアの処女性を強調するために、イエスはヨセフに抱かれているようにも見えた。

松浦鉄道は、西木場の次の駅の東田平《ひがしたびら》から平戸市に入る。東田平と次の中田平の間には、線路沿いにカトリック福崎教会がある。松浦を過ぎると、ほぼ一駅ごとに教会があることになる。

福崎教会にもタクシーで行ってみた。もともとは保育園と教会の併用施設だったという。カトリックの巡礼地であるフランスの「ルルドの洞窟《どうくつ》」を模したと思われる石で造られた洞穴のなかに、青いマントをまとった聖母マリアの像が立っていた。御厨教会同様、簡素な建物で、扉は閉ざされていた。

教会は高台にあるため、平戸市で最も東にある漁港、一六《いちろく》漁港がよく見えた。すぐ近くに鉄道が通り、遠くに海を望む光景は、糸島市の鎮懐石八幡宮を思い起こさせた。

中田平の次のたびら平戸口は、日本で最も西にある駅として知られている（モノレールまで含めれば那覇空港駅になる）。「平戸口」という駅名が示す通り、ここは平戸市にありながら、正確には平戸ではない。もともとは田平町だったが、二〇〇五（平成十七）年に平戸市と合併したのだ。本来の平戸市に行くには、たびら平戸口駅に近い平戸大橋を渡る必要がある。

タクシーで平戸瀬戸にかかる国道383号の平戸大橋を渡り、平戸島に入る。面積は一六三・四平方キロメートルもあり、島としては長崎県で四番目に大きい。

このまままっすぐ行けば、かつて南蛮貿易で栄えた港や市役所のある中心部に達するが、タクシーは途中で左折して平戸大橋バイパスを進み、東部の海岸線に沿う国道383号にまた合流した。細長い平戸島の南北を縦断する、島で唯一《ゆいいつ》の国道である。しばらく走ると、宝亀《ほうき》湾に面した平戸市宝亀町に入る。長崎県の西彼杵《にしそのぎ》半島から移り住んだ潜伏キリシタンの子孫が多いとされる町である。しかしいまでは、町内の四つの集落のうち、二つの集落の全戸がカトリックだという（今里悟之《いまざとさとし》「平戸島におけるキリシタンとカトリックの分布と伝播《でんぱ》」、『史淵《しえん》』第百五十二輯《しゅう》、二〇一五年所収）。

国道より少し上がった丘の上に、宝亀教会が建っている。一八九八（明治三十一）年に建てられた平戸市内で最も古い教会で、本体は木造瓦葺《かわらぶ》きだが正面はレンガ造という和洋折衷の建築になっている。建物の縁取りは白、壁面は赤で統一されている。南向きに建つ教会は、穏やかな日差しに照らされて明るく輝いていた。レンガの赤と漆喰《しっくい》の白とのコントラストが美しい。十字架が立つ三角屋根の中央には縦書きで「天主堂」の文字が描かれ、正面の壁には右に幼子イエスを抱いた聖母マリア、左に聖ヨセフの像が対称形をなすように立っている。

ようやく聖母子像に出会えた喜びは大きかった。宇美八幡宮の拝殿で見た神功皇后同様、マリアはイエスをしっかりと抱きかかえている。

平戸島は観光地のせいか、教会の扉が開いていた。なかに入ると前方の中央に祭壇があり、やはりその右側にマリアの像が立っていた。

平戸市内にある教会で最も古い宝亀教会。正面の壁には幼子イエスを抱いた聖母マリアの像がある。

教会からは島々が点在する宝亀湾が眺められる。鎮懐石八幡宮が海に向かって建っていたように、宝亀教会も海に向かって建っている。前者で見た神功皇后の絵と後者で見たマリアの像が、どうしても二重写しになる。

さらに国道３８３号を進んでゆくと、眼前にまた教会が迫ってきた。西木場教会同様、鉄川与助が設計して一九二九（昭和四）年に竣工《しゅんこう》したカトリック紐差《ひもさし》教会である。

教会のある紐差町には、すべての集落にカトリックが在住し、いずれも全戸の約半数から三分の一ほどを占める（前掲「平戸島におけるキリシタンとカトリックの分布と伝播」）。宝亀町同様、信徒の割合は全国で最も高い長崎県全体から見ても著しく高い。

その高さを象徴するかのごとく、紐差教会の建物は大きい。前述した浦上天主堂が原爆で破壊された後には、日本で最大とされた時期もあった。正面中央に八角形のドームを載せた鐘塔がある点は確かに西木場教会と共通しているが、鉄筋コンクリート造である点は違う。鐘塔が四階建てで、聖堂が鐘塔と一体になっており、地続きの一階ではなく正面の階段を上がった二階に聖堂がある点も異なる。

この教会でも、扉は開いていた。けれども扉のすぐ内側までしか立ち入れず、前方中央の祭壇まで近づくことはできなかった。マリアの像があるかどうかも確認できなかった。

しかし、教会に上がる階段の右側には、「潔き聖母」と刻まれた石碑と、両手を合わせて岩の上に立つマリアの像があった。また教会の前に整備された芝生には、「ファチマの聖母」と刻まれた石碑と、三人の子供たちにひざまずかれ、両手を合わせて立つマリアの像もあった。一九一七（大正六）年にポルトガルのファティマで三人の子供たちの前に聖母マリアが現れたとする場面を再現したものだろう。やはりマリアばかりが目立つ印象を受ける。

紐差教会は、平戸島のほぼ中央にある。タクシーは再び国道３８３号を進み、途中で右折して峠を越えると、根獅子《ねしこ》の浜と呼ばれる島の西岸に出た。このあたりが隠れキリシタンの里として知られ、一九九二年までその組織が残っていた根獅子町だ。町の住民百九十四戸のうち、百戸あまりがカトリックならぬキリシタンだったという（『平戸市史』民俗編、平戸市、一九九八年）。

根獅子の浜の近くにある平戸市切支丹《キリシタン》資料館を訪れてみた。窓口の横には、ガラスケースに入ったマリア観音と踏絵が売られている。マリア観音は、江戸時代に潜伏キリシタンによって信仰の対象とされた聖母マリアに擬せられた観音菩薩像で、幼子を抱きながら台座の上であぐらをかいている。宝亀教会で目にしたばかりのカトリックの聖母子像とは、外観が違いすぎている。

館内で目を引いたのは、キリシタンの家の神体として大事にされたお掛け絵（聖画）だった。十七世紀中期のものとされる、マリアとおぼしき母親がイエスとおぼしき幼子を抱いたお掛け絵が展示されていた。よく見ると、幼子は地球儀のようなものをもっている。イエスを救世主とする像が聖母子像にまぎれ込んでいるように思われた。

前掲「母なるもの」では、隠れキリシタンの里で主人公の「私」が見たお掛け絵の印象が、こう語られている。

> キリストをだいた聖母の絵――。いや、それは乳飲み児をだいた農婦の絵だった。子供の着物は薄藍《うすあい》で、農婦の着物は黄土色で塗られ、稚拙な彩色と絵柄から見ても、それはここのかくれの誰かがずっと昔描いたことがよくわかる。農婦は胸をはだけ、乳房を出している。帯は前むすびにして、いかにものら着だという感じがする。この島のどこにもいる女たちの顔だ。赤ん坊に乳房をふくませながら、畠《はたけ》を耕したり網をつくろったりする母親の顔だった。（前掲『母なるもの』）

切支丹資料館に展示されているお掛け絵は、「私」が見たそれとは明らかに違う。

幼子は母親と同じく正面を向いていて、母親が「胸をはだけ、乳房を出している」わけではないからだ。けれども、「乳飲み児をだいた農婦の絵」と言われれば、そう見えなくもない。長く垂らした髪を見ていると、鎮懐石八幡宮の拝殿に飾られた神功皇后の絵にも似ているような気がしてくる。

「私」は隠れキリシタンの里を訪れ、日本の宗教には本質的に「母なるもの」への思慕があると結論づけた。背景には、作者である遠藤周作自身の体験が重なっていたはずだ。しかし、そうした思慕を日本全体に押し広げることにはとまどいを覚える。

　なぜなら、日本のなかでもそれが顕著に見られる地域と、そうでもない地域があるからだ。神功皇后をまつる神社自体は西日本を中心に広く分布するが、聖母信仰は九州北部にほぼ限られている（須永敬《すながたかし》「神功皇后を〈聖母〉として祀《まつ》る信仰―九州西北部における聖母神社の分析から―」、『宗教研究』第七四巻第一輯、二〇〇〇年所収）。東京の日枝神社に奉納された神功皇后の山車人形に「母」としての性格が全く見られないことは、先に触れた通りである。

　九州北部には、神功皇后を聖母としてまつる信仰が少なくとも中世からあった。だからこそ、近世になって聖母マリアを崇敬するカトリックをすんなりと受容し、弾圧されてもなお聖母信仰だけは捨てなかったのではなかろうか。

根獅子の浜を見下ろす丘の上に、「ルルドの聖母」と題されたマリアの像が立っていた。十六世紀後半に根獅子の浜でキリシタンが処刑されたとき、聖母マリアの籠《かご》が現れ、魂を運んでいったという伝説に基づくものだ。一八五八年にフランスのルルドで出現したのと同じ聖母マリアが、それよりも二百数十年前の日本に現れていたことになるのだろうか。白い砂浜とエメラルドグリーンに光る海を眺めながら、そんなことを考えた。

タクシーは平戸島の西岸に沿う長崎県道19号を北上し、キリシタンが多く住んでいた獅子町や春日町の集落を通り過ぎる。春日町を過ぎると左手後方に大きな橋が見えた。島民のほぼ全員がキリシタンとなった生月島と平戸島をつなぐ生月大橋だった。左手に浮かぶ小さな島は中江ノ島だろう。平戸藩によってキリシタンの処刑が行われたことから、潜伏キリシタンの聖地となった島だ。平戸市の中心部を素通りし、再び平戸大橋を渡ってたびら平戸口駅に近い平戸瀬戸市場に着いたのは、正午を過ぎたころだった。平戸瀬戸に面した二階のカフェレストランに上がる。満席で少し待たされたが、観光客よりも地元住民のほうが多いように見える。新型コロナウイルスの影響からか、外国人らしき姿はない。

四人ともに一番人気という「平戸海鮮丼《かいせんどん》」を注文する。わざわざ平戸と銘打っているからにはどういう丼《どんぶり》が来るかと楽しみにしていたが、運ばれてきたのはマグロ、タイ、ブリ、イカの刺し身が盛られたごく普通の海鮮丼だった。

市場の前から再びタクシーに乗り、平戸島の対岸の丘の上にある田平天主堂に向かう。北松浦半島の教会のなかでは、最もよく知られたカトリックの教会である。

この地もまた西木場同様、明治初期に黒島や西彼杵半島から信徒が移住し、仮聖堂が建てられた。現在の教会は西木場教会や紐差教会と同じく、鉄川与助が設計して一九一八（大正七）年に竣工した。レンガ造を主とした教会で、国の重要文化財に指定されている。

正面から見ると、西木場教会との類似性は一目瞭然《りょうぜん》だ。中央に聖堂よりも高い三階建ての鐘塔がそびえ、屋上には八角形のドームがかぶさり、その上には十字架が立っている。鐘塔の背後には聖堂が接している。ただ全体が赤レンガで統一されているせいか、西木場教会よりも重厚な印象を受ける。

後藤さんが事前に連絡してくださったので、聖堂の内部を見学できた。ここでは西木場教会とは異なり、祭壇の右側に幼子イエスを抱いたマリアの像がある。つまりれっきとした聖母子像になっているということだ。

正面玄関前には、根獅子で見たばかりの「ルルドの聖母」と同じ題目の聖母マリア像が立っていた。像が背後にある祭壇とちょうど同じ高さに見えるように設計されている。すぐ近くにはルルドの洞窟を模した洞穴もあった。江戸時代の潜伏キリシタンと、明治以降のカトリックの間には少なからぬ連続性がある。そう思わずにはいられなかった。

タクシーでたびら平戸口の次の駅、西田平まで行き、13時52分発の佐世保行きのディーゼルカーに乗る。列車は空いていたが、途中の清峰高校前から学校帰りの高校生が大勢乗ってきて、席があらかた埋まる。次の佐々《さざ》と佐世保の間は二十～三十分おきに一本と、第三セクターにしては本数が多いにもかかわらず客が乗ってきて、通路に立つ客も出てくる。

終点の佐世保で同じホームに停まっていた15時10分発の長崎行き快速シーサイドライナーに乗り換え、ＪＲ大村線の大村まで行く。大村市内にある長崎空港から羽田に戻るためだが、実はもう一つの目的があった。飛行機が出るまでの時間を利用して、最後に気になっている場所を訪れてみたいと思ったのだ。

一九四九（昭和二十四）年五月二十四日、昭和天皇は東唐津から佐世保まで、国鉄の筑肥線と松浦線を走るお召列車に乗った。そして二十五日には佐世保から自動車で大村に移動し、カトリックの施設を訪れている。そのときの模様を、『昭和天皇実録』はこう記している。

> コンベンツァル聖フランシスコ修道会の戦災孤児養護施設である聖母の騎士園にお着きになる。園長室において、園長アントニオ・ミロハナ同修道会司祭より同園の概要についてお聞きになる。ついで遊戯室二階ホールに移られ、聖歌「日出《い》づる国」を歌う園児に対面され、園児代表より行幸の御礼をお聞きになり、お言葉を賜《たま》う。園児の遊戯や作品、園児の居室、聖堂等を御巡覧になり、玄関前広場において園児と御一緒に御写真撮影後、予定より約三十分遅れて同所をお発《た》ちになる。（『昭和天皇実録』同日条）

聖母の騎士園は、長崎の原爆で親を失った孤児たちのための養護施設だった。アントニオ・ミロハナ（一九〇八〜八九）はカトリックの修道会であるコンベンツァル聖フランシスコ修道会に属するポーランド人の司祭で、一九四六（昭和二十一）年にこの養護施設を長崎市内に設立した。現在、大村市に隣接する諫早《いさはや》市にある聖母の騎士園のホームページによれば、四九年二月から五三年五月までは大村市にあり、昭和天皇が訪れた当時は第21海軍航空廠《こうくうしょう》跡にあった。

だが、一口に第21海軍航空廠跡と言っても、航空廠の敷地面積は約二一〇万平方メートルもあり、東洋一の飛行機製作工場と呼ばれたほど広かった。諫早市の聖母の騎士園に電話で問い合わせてみても、ホームページに出ている以上のことはわからないと言う。

――航空廠の工員寄宿舎があったあたりにカトリック教会がありますよ。そこへ行ってみましょうか？

後藤さんがスマホの地図を見ながら言う。なるほど、大村線の竹松―諏訪間に当たる大村市植松に、カトリック植松教会がある。さっそく大村駅からタクシーに乗って向かった。

二〇一七（平成二十九）年二月に大分県別府市の旧小百合愛児園を訪れたときの記憶がよみがえる。聖母の騎士園を訪れてから二週間後の一九四九（昭和二十四）年六月八日、昭和天皇はカトリックの女子修道会である扶助者聖母会が運営するこの児童養護施設を訪れた。現在は「神の愛の宣教者会別府カトリックの家」に変わっているが、聖堂自体は当時のままだった。その裏手に、「天皇陛下のお言葉　世のあわれな人々をどうぞ救ってあげて下さい　希望します　昭和二十四年六月八日」と刻まれた石碑が建っているのを見つけたのだ。

昭和天皇は、聖母の騎士園を訪れたときにも、園児に向かって「今日の言葉は有難う。どうかイエスの御旨に従つて立派な人になることを希望します」と声をかけていた（『長崎日日新聞』一九四九年五月二十六日。原文は句点なし）。もしカトリック植松教会が聖母の騎士園の跡地にあるとすれば、旧小百合愛児園と同じような石碑が建っているとしてもおかしくはない。

だが実際に訪れてみると、そうした石碑は見当たらなかった。たまたま居合わせた教会のシスターに尋ねても、聖母の騎士園があったという話は聞いたことがないという。

教会に隣接して、ここにも両手を合わせた聖母マリアの像が立っていた。昭和天皇が聖母の騎士園で「御一巡」（同）したという聖堂にも、聖母マリアの像があったはずだ。

一章で記したように、一九四七（昭和二十二）年八月に昭和天皇が秋田市のカトリック女子修道会である聖心愛子《せいしんあいし》会（現・聖心《みこころ》の布教姉妹会）秋田支部の聖堂を訪れたときには、会長の聖園《みその》テレジアがすぐそばにいた。このときには、聖園テレジアがあたかも聖母マリアのごとく、「母様」と呼ばれていた。だが聖母の騎士園では、アントニオ・ミロハナという「父様」はいても、聖園テレジアに相当する「母様」はいなかった。

昭和天皇が予定より約三十分も聖母の騎士園を出るのが遅れたのは、聖母マリアと一体化したかのように、言い換えれば神功皇后とは正反対のトランスジェンダー女性となったかのように、「母」として園児たちに愛情を注ぐことに熱中したからではなかったか。

昭和天皇の母である貞明皇后は、香椎宮で神功皇后の霊との一体化を熱心に祈った。占領期の昭和天皇が聖母マリアに接近したのは、もう一人の聖母である神功皇后と一体化し、戦勝を祈り続けた貞明皇后に対する反逆のようにも見える、聖母＝ショウモと聖母＝セイボは、近代の皇室の母子関係にも大きな影を落としていたのである。

あとがき

本書は、「小説新潮」二〇一八（平成三十）年六月号から二〇（令和二）年六月号まで八回にわたって連載した「『線』の思考」をもとにしている。この時期は、現上皇が退位して平成が終わり、現天皇が即位して令和が始まる前後の時期に当たる。

周知のように、二〇年に入ってから世界的に新型コロナウイルスの感染が爆発的に広がった。八章で記したように、同年二月の時点で日本でも感染者が出始めていたことを踏まえれば、何とかギリギリ旅を終えることができたと言えるだろう。もっと遅くなっていたら、本書の企画自体が成り立たなかったに違いない。

一章で小田急江ノ島線沿線のカトリックの学校や教会を訪ね、カトリックと皇室の関係を探ろうとして始まった旅は、八章で松浦鉄道沿線のカトリックの教会を訪ね、ＪＲ大村線沿線のカトリック施設と天皇の関係を探ろうとしたところで終わった。全体の構成が円環をなすようになったのは、単なる偶然だろうか。

本書の試みが成功しているかどうかは、ひとえに読者の方々のご判断にゆだねるほかはない。連載を勧めてくださった「小説新潮」元編集長の江木裕計さん、毎回の切符やホテルの手配をしてくださった同編集部の後藤結美さん、時々旅に同行し、宮島口で弁当を調達してくださった新潮社ＯＢの田中比呂之さん、旭川でレンタカーを運転してくださり、本書の編集も担当された新潮選書編集長の中島輝尚さんに心からお礼を申し上げたい。

江木さんと田中さんとは十年を、中島さんとは大学のゼミ以来だから三十年を、それぞれ超える付き合いになる。同業者に恵まれたかどうかはわからないが、学者という職業の歪《ゆが》みや偏《かたよ》りを自覚させてくれる同世代の編集者に恵まれたことだけは確かだ。このことの幸運を、今回もつくづく感じたしだいである。

二〇二〇年八月二十九日

原　武史

追記　新潮文庫版として再刊するに当たり、単行本として刊行した当時と変わった点に注意しつつ、加筆修正を行った（二〇二三年二月）。

解説――「線の思考」の臨場感

山本理顕

一、点の思考と面の思考

〈特定の地点を対象とし、その空間の性格を考察するのは、「『点』の思考」である。（中略）一方、「点」よりも広い区域や領域を対象とし、その空間の性格を考察するのは、「『面』の思考」である〉

『「線」の思考』はいきなりこんな「はじめに」からはじまる。

「点の思考」はその場所での出来事に対する思考である。出来事とは事件である。あるいは儀式である。事件は突発的に起きる。儀式は決められた時間に行われる。「点」とはその出来事の起きた時間、そしてその出来事に係《かか》わった登場人物の活動である。

〈「『点』の思考」は、限定された空間を考察の対象にしているため、史料によって事実を確定しやすい。これに対して「『面』の思考」は（中略）多分に想像力を伴うものであり、抽象的になりやすい〉

「点」の考察は出来事に係わった人びとの活動の考察である。だからその活動の因果関係を現場検証や記録や史料によって事実として確認することができる。一方で「面」の考察はその登場人物が活動する空間の考察である。

それが抽象的になりやすいのは、「面」を思考の対象とするためには、それが「ひとつの面」として切り取られなくてはならないからである。「ひとつの面」は人びとの活動の舞台のようなものとして切り取られる。しかしその切り取られ方は、あらかじめ決まっているわけではなく、その活動の考察によってその都度切り取られる。あるいは全く逆に、「ひとつの舞台」として切り取られることによってそこでの人間の活動が改めて発見される。そしてそれを「ひとつの舞台」として切り取るためには〈想像力〉を必要とする。

面の思考は〈多分に想像力を伴うものであり、抽象的になりやすい〉。政治学者から見ると、「面の思考」はあまり信頼できない。一方の「点の思考」は〈史料によって事実を確定しやすい〉。政治学者はできる限り史料によって因果関係を考察したいと考えるのである。

「面」はそのままでは思考の対象にはならない、と政治学者は考える。それはデータ化され、デジタル化されて始めて思考の対象として扱うことができる。政治学者は

「面」を「点」に置き換えるのである。

ところが原武史は違う。実際にその場所に行って、その舞台（面）が「点の思考」にどのような影響を与えるのか、実際にその空間を体験しに出かけるのである。その「点」にたどり着くまでのプロセスが既に「思考」なのだ。いまどきこんなアナログ政治学者は他にいない。

二、点の思考と線の思考

「点」は単独では存在しない。どのような「点」も何らかの形で必ず他の「点」との関係を持つからである。ひとつの「点」は他の「点」と「線」で結ばれる。

〈だが本書で試みたのは、近世の「線」が近代になってどう変容したかを、多くの史料を使って明らかにすることではない。そうではなく、全国各地に通じる鉄道に実際に乗ったり、線路跡を訪ねたりしながら、ただ史料を読むだけではわからない、地域に埋もれた歴史の地下水脈を探ろうとしたのである〉

「点」と「点」を結ぶ「線」としてではなく〈古代から現代までの時間というもう一つの軸を重ね合わせることで、多様な日本の姿を描き出そうとする試みを、本書では「『線』の思考」と名付けている〉。

ひとつの「点」は他の「点」と結ばれることによって、それまで見えなかったその「点」の「埋もれた歴史の地下水脈」を掘り起こすことができる。ただし原さんにとって、その「点」と「点」を結ぶのは単に起点から終点までを結ぶ抽象的なラインとしての「線」ではない。鉄路である。そしてその鉄路を走る電車である。そしてその鉄路周辺の景観であり、駅蕎麦であり駅周辺の景観である。そして自らの身体感覚である。

なぜこの電車はこんなところを走っているのか。電車から見るこの景観には違和感がある。この電車がこの場所を走るのは間違っていないか。電車のルートについて考えることは地政学的政治について考えることに外ならない。つまり原さんにとっての「線の思考」は政治学者としての原さんが独自に発見した「線の政治学」である。

線の思考によってひとつの点と他の点とが結びつけられる。そこで原さんは単一の「点」の思考だけでは決して発見できない、その点の隠された「地下水脈」を見てしまう。時には見なくてもいいものを見てしまう。

三、皇室と聖《み》園《その》テレジア

第一章でいきなり引きこまれた。昭和天皇とカトリックという考えてもみなかった関係についての話である。

聖園テレジアは、ドイツに生まれて一九一三（大正二）年、「聖霊奉侍布教修道女会（聖霊会）」の修道女として二十三歳の時に来日している。来日してからのその行動力があまりに並外れているのである。

一九一九年には聖霊会を退会。

一九二〇年には秋田市に初の邦人修道会として「聖心愛子会」を創立する。三十歳である。

一九二七年、日本に帰化。

一九三八年、聖心愛子会本部が秋田から神奈川県藤沢に移転。藤沢の土地を求める際には、海軍軍人でカトリック信者でもあり、東宮御学問所御用掛や宮内省御用掛を務めた山本信次郎が尽力している。

一九四三年、隣接する藤沢ゴルフ場が閉鎖され、藤沢海軍航空隊の飛行場になる。

一九四四年、飛行場拡張計画のため、立《た》ち退《の》きを迫られるが、聖園テレジアと親交のあった宮内次官、白根松介に相談し事なきを得た。

一九四五年、敗戦後、飛行場を接収した米軍や大蔵省、神奈川県、藤沢市などと交渉を重ねた結果、七万二千坪（二十三万八千㎡）もの土地を入手。旧軍の兵舎を利用して女学校と「子供の家」「母子ホーム」「ベビーホーム」が建設された（二十四万㎡弱というと東京ディズニーランドのほぼ半分ほどの面積である。戦後日本の国土計画にとっても貴重な公共用地である。一修道院がなぜ落札することができたのだろう）。

一九四六年、聖園女学院高等女学校を開校。

一九四七年八月十四日、昭和天皇、秋田市保戸野新町の財団法人聖心愛子会秋田支部をご訪問になる。天皇陛下が秋田支部に行幸された時の陛下の聖堂での様子は「母様」をいたく感激させた。それは〈まるで天皇が「母様」、すなわち聖園テレジアに見守られながら、カトリックに改宗したかのような錯覚すら抱かせる〉ものだったと原武史は言う。

一九四八年四月五日午後、宮中表拝謁《おもてはいえつ》の間において、聖心愛子会会員加藤ユスティチア（本名タヘ）とともに天皇・皇后両陛下に拝謁する。

一九五〇年四月十二日午後、拝謁の間において、元侍従次長木下道雄他とともに天皇・皇后両陛下に拝謁する。

一九五〇年八月八日午前、拝謁の間において、加藤タヘとともに天皇・皇后両陛下に拝謁する。

一九六五年に没する（七十五歳）まで、〈四十年以上にわたり指導的立場にあった〉。「マザー・テレジア」として「母様」として、あるいは「聖心愛子会」の象徴の役割を担《にな》い続けたのである。

一九七六年、「聖心愛子会」が「聖心の布教姉妹会」に改称される。聖園テレジアが没して十一年後である。

二〇一六年に編纂《へんさん》された『みその70年小史』（聖園女学院中学校・高等学校、編集発行）には聖園テレジアの名前がなぜかない。「聖心の布教姉妹会」はヨゼフ・ライネルスによって創立されたとされているのである。

ライネルスの名前は『聖園テレジア追悼録』に登場するが、当然そこでは脇役である。一体なにがあったのだろう。〈カトリックの総本山であるバチカンの意向により、修道会の名称を変更したというのだ〉が、聖園テレジアの名前が消されたのもバチカンの意向なのだろうか。原さんは「皇室神道《しんとう》を信奉しているはずの天皇や皇后が、カトリックの女子修道会とこれほど深いつながりをもっていたことを、私は『実録』によって初めて知った」と言う。私もこの『「線」の思考』で初めて知って驚いた。皇室神道の象徴が天皇である。国民はその天皇陛下を国家の象徴として敬愛しているのだ。その天皇がカトリックを「信奉」しているように見えるだけでも、日本国民としてはかなりの衝撃である。

昭和天皇だけではない。〈カトリックの家庭に育ち、聖心女子大学を卒業した皇太子妃美智子（現上皇后）もまた、聖心愛子会にただならぬ関心を寄せていた〉。一九六二年には皇太子（現上皇）と共に同会の岡山支部を見学している。一九七〇年、妃殿下だけで藤沢市の聖心愛子会を訪問する。

四、美智子妃

そもそも聖園テレジアはなぜ日本に来たのだろう。一九一三年は第一次世界大戦の直前である。日本は一九一四年ドイツに対して宣戦布告している。一九一九年にドイツではワイマール共和国と呼ばれる新たな国家体制が創設されるが、聖園テレジアの聖霊会退会となにか関係があるのだろうか。なぜ軍部や皇室にこれほどまでに近づくことができたのか。昭和天皇はなぜ「改宗」したかの如く、それほどまでに深く、カトリックに共鳴したのだろう。

昭和天皇は皇太子時代に訪欧の旅に出ている。一九二一年七月には法王庁を訪問し、ローマ教皇ベネディクトゥス十五世と面会している。皇太子といっても、大正天皇の名代である。実質的に摂政の役割を担っていた。

〈まず皇太子は法王に対し天皇の御伝言を伝えられ、法王はこれに対し感謝の意を表するとともに、天皇の御健康を憂慮する旨を述べられる。（中略）また朝鮮総督斎藤実が最近京城においてカトリック教会の二司教の叙階式に招かれて卓上演説を行い、カトリック教徒が朝鮮で起った独立運動に全く関係しなかった態度に賛辞を述べたことを引用し、カトリックの教理は確立した国体・政体の変更を許さないことによりこの結果を見たのであり、従って教徒の国家観念に対しては何ら懸念の必要はないことを述べ、更にカトリック教会は世界の平和維持・秩序保持のため各般の過激思想に対し奮闘しつつある最大の有力団体であり、将来日本帝国とカトリック教会と提携して進むこともたびたびあるべし等と述べられる〉（『昭和天皇実録』一九二一年七月一五日条、原武史『「昭和天皇実録」を読む』より）

そこにはフランス語通訳として山本信次郎御用掛（海軍大佐）が同席した。山本は熱心なカトリック信者であった。なるほど皇室とバチカンそしてバチカンと軍部との結びつきの発端はこのときだったのか。因《ちな》みに過激思想というのは社会主義思想のことである。

〈対米英戦を決意の場合（中略）戦争終結の手段を最初から十分に考究し置く必要があり、そのためにはローマ法王庁との使臣の交換など、親善関係を樹立する必要が

ある旨を述べられる〉（『昭和天皇実録』一九四一年一〇月一三日条、『「昭和天皇実録」を読む』より）

昭和天皇のバチカンに対する深い信頼は戦中も、そして戦後になっても揺るぎがなかった。こうした昭和天皇の思いはカトリックの学校に学ばれた正田美智子を皇太子妃として迎えられたことと関係があるのだろうか。

美智子妃殿下の登場は日本の未来を一気に明るくした。当時私は中学生だったが、新しい時代が来たようだった。美智子妃が新時代の象徴だったのである。新時代とは自由の時代である。その自由は明らかに美智子妃と共にやってきたのだ。そしてそれはアメリカのキリスト教文化の伝統と深く係わっていた。

五、精神の布教姉妹会

聖園テレジアに対する記憶が消された？

聖園テレジアになにか問題があったからだろうか。軍閥との関係がバチカンから問題にされたからだろうか。謎だ。原武史はその謎を確かめようとして「聖心の布教姉妹会」に向かう。小田急江ノ島線で藤沢本町駅まで行って、そこから〈ゆったりした上り勾配《こうばい》の道を歩くこと十数分。ようやく住宅がなくなり、森が眼前に迫ってくる。

それでも木々は稠密《ちゅうみつ》で、中をうかがうことはできない。やがて木々は途切れ、立派な石造りの門が現れる。門からまっすぐに伸びる道の両側にはヒマラヤ杉が立ち並び、その向こうには寺の山門を思わせる建物も見える。近くには「修道院前」というバス停がある〉。

門のすぐ横にある石碑には「聖心の布教姉妹会」という文字が横書きで刻まれている。女子修道院である。

〈人の気配は全くない。門に貼《は》られた「猛犬に注意」という表示板が、立ち入りを許さない空気をよりいっそう強めている〉

修道院に「猛犬に注意」などという張り紙をするだろうか。修道院は布教施設であり教育施設である。本来誰にでも開かれているはずの施設である。〈実は事前に面会を求めたのだがあっさりと断られた〉原さんはそれでも訪ねていった。実際に行かなければ「猛犬に注意」などという物騒な表示板を見ることはない。

原さんの疑問はますばかりである。でもここから先は政治学者である原さんの領分ではない。推理作家の領分である。とは言え、原さんの疑問にはすべて緻密《ちみつ》な裏づけがあるものだから、取調べ室の尋問に立ち会っているような緊迫感がある。

六、行ってみた

土曜のある日、電車で「聖心の布教姉妹会」に行ってみた。藤沢本町からはタクシーですぐである。運転手は、表門を入ってヒマラヤスギのある広い前庭をずんずんと進んでそのまま中門の前にクルマを付けた。中門は質素な四脚門《よつあしもん》で切妻の瓦《かわら》屋根には反りがない。門の両脇は屋根瓦を積んでつくった築地《ついじ》塀《べい》である。土の色がほんの少しピンク色がかって美しい。門の奥の木立の先に赤煉瓦《れんが》の修道院が見える。ちょうどその門の向こうをシスターが通り掛かって会釈《えしゃく》をされたので慌《あわ》てて帽子を被《かぶ》ったまま頭を下げた。シスターのピンとした純白のフードと黒の衣裳が凛《りん》と際立って、アイフォン・カメラをもったこの無礼な訪問者にたいしても特に咎《とが》めることもなく、そのまま築地塀の向こうに消えてしまった。

こんな修道院もあるんだなあ、〈多分に想像力を伴う〉「面の思考」の建築家は、聖園テレジアがどんな考え方の人だったのか少しだけ分かったような気になった。

（２０２３年３月、建築家）

聖心の布教姉妹会（撮影：山本理顕）

この作品は二〇二〇年一〇月新潮社より刊行された。

ブレイディみかこ著

THIS IS JAPAN

—英国保育士が見た日本—

労働、保育、貧困の現場を訪ね歩き、草の根の活動家たちと言葉を交わす。中流意識が覆う祖国を、地べたから描くルポルタージュ。

山田太一著

異人たちとの夏

山本周五郎賞受賞

あの夏、たしかに私は出逢ったのだ。懐かしい父母との団欒、心安らぐ愛の暮らしに——。感動と戦慄の都会派ファンタジー長編。

高野秀行著

謎のアジア納豆

—そして帰ってきた〈日本納豆〉—

納豆を食べるのは我々だけではなかった！タイ、ミャンマー、ネパール、中国。知的で美味しくて壮大な、納豆をめぐる大冒険！

磯部涼著

ルポ川崎

ここは地獄か、夢の叶う街か？ 高齢化やヘイト問題など日本の未来の縮図とも言える都市の姿を活写した先鋭的ドキュメンタリー。

D・チェン著

未来をつくる言葉

—わかりあえなさをつなぐために—

新しいのに懐かしくて、心地よくて、なぜだか泣ける。気鋭の情報学者が未知なる土地を旅するように描き出した人類の未来とは。

片山杜秀著

左京・遼太郎・安二郎 見果てぬ日本

小松左京、司馬遼太郎、小津安二郎。巨匠たちが問い続けた「この国のかたち」を解き明かし、出口なき日本の今を抉る瞠目の評論。

中野京子著

画家とモデル
―宿命の出会い―

画家の前に立った素朴な人妻は変貌を遂げ、青年のヌードは封印された――。画布に刻まれた濃密にして深遠な関係を読み解く論集。

梅原　猛　著

天皇家の〝ふるさと〟日向をゆく

天孫降臨は事実か？　梅原猛が南九州の旅で記紀の神話を実地検証。戦後歴史学最大の〝タブー〟に挑む、カラー満載の大胆推理紀行！

山極寿一
小川洋子著

ゴリラの森、言葉の海

野生のゴリラを知ることは、ヒトが何者かを自ら知ること――対話を重ねた小説家と霊長類学者からの深い洞察に満ちたメッセージ。

NHKスペシャル
取材班著

日本海軍400時間の証言
―軍令部・参謀たちが語った敗戦―

開戦の真相、特攻への道、戦犯裁判。「海軍反省会」録音に刻まれた肉声から、海軍、そして日本組織の本質的な問題点が浮かび上がる。

養老孟司
宮崎　駿著

虫眼とアニ眼

「一緒にいるだけで分かり合っている」間柄の二人が、作品を通して自然と人間を考え、若者への思いを語る。カラーイラスト多数。

中島岳志著

テロルの原点
―安田善次郎暗殺事件―

「唯一の希望は、テロ」。格差社会で承認欲求と怨恨を膨らませた無名青年が、大物経済人を殺害した。挫折に満ちた彼の半生を追う。

#「線《せん》」の思《し》考《こう》

鉄道と宗教と天皇と

新潮文庫　は-50-3

令和五年五月一日発行

著者　原《はら》武《たけ》史《し》

発行者　佐藤隆信

発行所　株式会社　新潮社

郵便番号　一六二―八七一一
東京都新宿区矢来町七一
電話　編集部(〇三)三二六六―五四四〇
読者係(〇三)三二六六―五一一一
https://www.shinchosha.co.jp

組版/新潮社デジタル編集支援室

価格はカバーに表示してあります。

乱丁・落丁本は、ご面倒ですが小社読者係宛ご送付ください。送料小社負担にてお取替えいたします。

印刷・株式会社三秀舎　製本・株式会社植木製本所

ISBN978-4-10-134582-6 C0125